MUSÉE ÉGYPTIEN

DU LOUVRE.

NOTICE

DES

MONUMENTS

EXPOSÉS

DANS LA GALERIE D'ANTIQUITÉS ÉGYPTIENNES

SALLE DU REZ-DE-CHAUSSÉE ET PALIER DE L'ESCALIER DU SUD-EST,

AU MUSÉE DU LOUVRE

PAR

M. le vicomte E. DE ROUGÉ,

CONSERVATEUR HONORAIRE.

(TROISIÈME ÉDITION.)

Prix : 1 fr. 50 cent.

PARIS

TYPOGRAPHIE CHARLES DE MOURGUES FRÈRES

Imprimeurs des Musées nationaux

RUE J.-J. ROUSSEAU, 58.

1872

AVANT-PROPOS.[1]

Les monuments égyptiens que la direction des Musées a fait rassembler dans la galerie du rez-de-chaussée étaient épars dans les divers magasins et dans la cour du Louvre. Plusieurs de ces monuments étaient depuis longtemps célèbres dans la science et réclamés pour l'étude par les personnes qui s'occupent de l'archéologie égyptienne. Leur volume et leur poids considérable avaient fait jusqu'à présent différer leur classement; la direction des Musées a surmonté cet obstacle.

Imprimant, aussitôt après sa création, une activité nouvelle aux travaux du Musée du Louvre, elle voulut autant que possible faire jouir le public de toutes ses richesses. M. de Longpérier, conservateur de la sculpture, fut chargé de disposer dans une salle nouvelle les grands monuments égyptiens, qui n'avaient pu trouver place dans les galeries du Musée Charles X. Ce Musée, restreint, comme il était, aux objets d'un petit volume, perdait le plus grand côté de sa physionomie pour les arts et l'histoire. Les petits objets font pénétrer dans l'intimité d'un peuple et révèlent à l'archéologue les détails de sa civilisation; mais on est nécessairement frappé d'une impression plus vive lorsqu'on entre dans la salle des grands monuments. Les sphinx en granit, les statues colossales, les sarcophages couverts de sculp-

(1) Cet avant-propos est celui de la première édition (1849), auquel on a joint quelques additions nécessitées par les progrès de la science.

tures, enfin les inscriptions de tous les siècles composent les éléments d'un véritable Musée historique à grandes proportions. On y sent, tout d'abord, la main d'un peuple puissant, que le temps et la difficulté du travail n'ont jamais arrêté dans ses œuvres. Tout porte le caractère d'une durée perpétuelle, rien n'a été épargné pour arriver à ce but, et l'on ose à peine supputer le nombre des hommes qui ont dû prodiguer leurs forces pour accomplir ces travaux prodigieux dont quelques débris composent nos Musées.

Il semble au premier coup d'œil que les lois hiératiques aient pétrifié les arts égyptiens dans des formes constantes; mais cette apparence est trompeuse et cette uniformité n'existe qu'à la surface. On trouve en Égypte, comme ailleurs, des âges divers dont la physionomie est bien tranchée. L'esprit humain a échappé sur plusieurs points à cette immobilité contre nature que des règles trop rigoureuses avaient établie dans le domaine des arts. Indépendamment de la variété qu'amène nécessairement le choix des nuances, le génie ne peut rester stationnaire quant à la beauté de ses œuvres; il ne se soutient pas sans effort à un certain niveau, et l'on trouve de rapides décadences à des époques où on ne les eût pas soupçonnées.

Le Musée, composé d'acquisitions faites à diverses collections et sans vues d'ensemble, impossibles peut-être avant les progrès de la science, présente de très-riches parties et quelques lacunes regrettables que l'on pourra combler. Mais il fallait en coordonner les éléments pour apercevoir ces lacunes. L'étude de ces richesses, déjà si grandes, inspire le désir d'en acquérir de nouvelles, et engagera à ne plus laisser échapper de précieuses occasions.

S'il existe parmi les monuments des arts quelque chose de curieux et d'intéressant pour l'antique histoire de l'homme, on peut dire que ces qualités appartiennent spécialement aux monuments de la première période égyptienne, puisqu'ils sont antérieurs de vingt siècles peut-être à tout ce que les autres peuples nous ont légué de débris antiques.

La première époque monumentale, en Égypte, offre à l'étude les pyramides et les tombeaux qui les entourent. Dans le Musée du Louvre, l'architecture n'est point encore représentée ; une série de morceaux choisis avec lesquels on pourrait suivre les divers ordres égyptiens dans leurs transformations, viendrait heureusement compléter nos galeries. Les pyramides offrent ce résultat inattendu, que le talent déployé dans la taille et l'appareillage des blocs y dépasse toute la perfection imaginable ; en sorte que, du moins sous ce rapport, l'art égyptien débute par des coups de maître.

La sculpture des figures et des hiéroglyphes, qui s'allie constamment aux œuvres de l'architecture égyptienne, nous est connue dès cette époque par des tombeaux dont la décoration est presque entière. La Prusse a fait transporter et reconstruire à Berlin plusieurs de ces tombeaux primitifs. Trois statues de la galerie du Louvre (nos 36, 37, 38, présentent un excellent spécimen de la sculpture des premiers âges. Dans ces morceaux presque uniques jusqu'ici et par conséquent inestimables, le type des hommes a quelque chose de plus trapu et de plus rude ; la pose est d'une grande simplicité ; quelques parties rendent la nature avec vérité.

Avant les fouilles accomplies par M. Mariette, on ne connaissait aucun morceau important appartenant à la sculpture de la IVe et de la Ve dynastie. Les statues admirables dn roi Khafra, trouvées dans le temple du grand sphinx de Gizeh, ont changé la face de la science sous ce rapport. Quelques figures appartenant à cette première grande école égyptienne sont réunies sur le palier du grand escalier ; la plus parfaite est placée dans la salle civile, au musée Charles X. Elles peuvent donner une idée de l'exacte observation de la nature qui caractérisait les œuvres des artistes égyptiens à l'époque des pyramides.

L'Égypte primitive était concise dans ses inscriptions : les hiéroglyphes sont très-espacés et les sentences se réduisent à peu de mots. Les fragments d'un coffre funéraire de la IVe dynastie, celui du roi Menkérès, et les inscriptions qui décorent les hypogées, suffisent néanmoins pour attester l'existence d'un système d'écriture aussi complet dans toutes ses parties, que celui qu'ont employé les hiérogrammates alexandrins dans l'inscription de Rosette.

Un seul sarcophage royal, taillé dans le granit et appartenant aux premières dynasties, avait conservé son ornementation : il avait été sculpté pour le même Menkérès ; malheureusement il n'a échappé aux ravages du temps, à ceux des peuples pasteurs et des arabes que pour sombrer sur les côtes du Portugal lorsqu'on le transportait au Musée britannique. Ce sarcophage, dont le dessin a été conservé, était taillé dans la forme d'un petit édifice, toute sa décoration se composait de lignes droites, à l'exception de quelques feuilles de nénuphar agencées avec un goût exquis. Le Musée de Leyde possède heureusement une cuve de granit qui reproduit cette ornementation si curieuse, et c'est avec les mêmes motifs qu'est composée la décoration des portes des hypogées les plus antiques de la nécropole de Memphis.

La XIIe dynastie porta l'Égypte à un très-haut degré de puissance, les arts s'associèrent dignement à la grandeur de cette seconde époque. C'est dans les restes de ses monuments que l'on trouve cet ordre déjà si harmonieux que Champollion appelait *protodorique*, parce que sa colonne canelée et son simple chapiteau carré rappellent l'aspect des premiers temples doriques. L'on s'est habitué à considérer cette civilisation primitive comme à peine sortie de l'enfance : aussi l'on ne s'est pas fait une idée exacte de la perfection des arts égyptiens dans la plus haute antiquité. La IVe dynastie avait construit les pyramides. La XIIe eut aussi sa merveille : le labyrinthe, ce palais si célèbre dans l'antiquité, était l'œuvre d'un de ses rois, et l'étude des substructions de cet édifice a complétement vérifié sur ce point les assertions de Manéthon, l'historien national de l'Égypte. De grands obélisques en granit et des débris de statues colossales prouvent que les villes de Memphis, d'Héliopolis, de Thèbes, de Tanis et d'Abydos avaient été décorées de monuments très-considérables, lorsque l'invasion des peuples nomades de l'Asie occidentale vint tout détruire, et comprimer, pendant plusieurs siècles, l'élan des arts égyptiens (1).

Ces terribles hôtes furent expulsés, après une longue oppression et une guerre sanglante. Lorsque la paix permit de songer à relever les temples, Karnak, dévastée peut-être par ces barbares, ne possédait plus que des tronçons de colonnes, décorées du nom d'*Usurtesen Ier*, et le sanctuaire d'Ammon dut être reconstruit en entier. Aussi les morceaux de sculpture antérieurs à cette invasion iconoclaste sont-ils extrêmement rares et précieux. Le Musée du Louvre est très-bien partagé sous ce rapport.

Le grand sphinx de granit rose, sur lequel on lit aujourd'hui les cartouches de Merenptah (A 23) est une œuvre de la XIIe dynastie, usurpée plus tard par divers souverains. Il en est de même du sphinx qui porte le cartouche de Ramsès II (A 21) et de la statue en diorite (A 20) où ce roi fit également graver ses légendes. Les usurpations ont longtemps voilé l'âge antique de morceaux très-importants, auxquels on peut aujourd'hui restituer leur véritable place dans l'histoire de l'art. La statue colossale du roi *Sebekhotep III* de la XIIe dynastie (no 16) est un objet de premier ordre. La série des stèles est également d'une grande richesse, et la collection de cette époque laisserait peu de chose à désirer si l'on pouvait y ajouter quelques-unes des scènes de la vie privée sculptées et peintes dans les tom-

(1) On sait maintenant, par le résultat des fouilles de Tanis, que les rois pasteurs employèrent eux-mêmes les artistes égyptiens à des œuvres très-considérables.

beaux. Le Musée en possède des reproductions ; on peut y constater que le dessin des personnages conserve plus de liberté que dans les temps postérieurs, et que l'imitation exacte de la nature est recherchée avec beaucoup plus de soin dans la sculpture des membres. Les artistes égyptiens de l'ancien empire avaient particulièrement une manière hardie de rendre les saillies musculaires des bras et des jambes, que l'on reconnaît jusque dans les bas-reliefs, et que l'on ne retrouve plus après l'expulsion des pasteurs. La jambe colossale d'*Usurtesen Ier* (XIIe dynastie), que possède le Musée de Berlin, est le plus beau modèle de ce genre, elle captive les regards et commande l'admiration, malgré la restauration qu'elle a subie. On reconnaîtra particulièrement ce caractère, au Musée du Louvre, dans les bas-reliefs nos 1, 2, 3, 4, 5 et 6, ainsi que dans les statues nos 17, 36, 37, 38 et 40, et au supplément nos 101 à 108.

En ce qui touche l'imitation de la figure humaine, la statuaire eut son apogée sous la XVIIIe dynastie, qui commence la 3e époque de l'art en Égypte. Les meilleures statues des Musées européens appartiennent à cette dynastie, qui semble avoir développé la puissance du pays avec une incroyable rapidité, aussitôt après l'expulsion des étrangers.

On peut remarquer, sur les belles statues de la déesse *Sekhet*, à tête de lionne (nos 1, 2, 3 et 4), avec quelle force et quelle largeur les grandes lignes étaient traitées par les artistes de la XVIIIe dynastie. Une statuette qui décore la cheminée dans la salle historique du 1er étage, et dont la beauté a depuis longtemps été remarquée, appartient aussi à la XVIIIe dynastie : elle représente le roi Aménophis IV, celui qui fit une espèce de révolution religieuse en introduisant le culte exclusif du disque solaire. L'imitation de la nature est frappante ; on reconnaît immédiatement sur les monuments les traits de ce personnage; mais on remarque déjà que les membres semblent modelés d'après des mannequins.

La statuaire se soutint encore sous la XIXe dynastie quoique l'ornementation et la sculpture monumentale eussent subi, dans les immenses travaux de Ramsès II, une décadence assez remarquée. La belle tête de ce grand conquérant est un type qu'on ne se lasse pas d'admirer dans le colosse d'Isamboul. Nous ne possédons pas, au Musée du Louvre, jusqu'ici une tête bien conservée de ce conquérant, car ni le sphinx (n° 21) ni la statue (n° 20) n'ont été originairement taillés pour lui.

Après ces grandes races royales, les arts subirent l'influence des temps de troubles, de divisions intestines et de guerres malheureuses, en sorte que la troisième période des arts égyptiens finit par une véritable décadence. On est déjà tout étonné de rencontrer sous Ramsès-le-Grand, et surtout sous le règne de son fils Merenptah, des œuvres d'une laideur et d'une grossièreté inconcevables, telles que les statues des grands prêtres d'Abydos (n°s 63, 64). La dureté de la matière, l'importance des personnages et l'abondance des légendes gravées sur ces morceaux ne permettent pas de croire qu'on n'ait prétendu en faire que des ébauches.

La famille du grand-prêtre *Her-hor*, qui exerça le pouvoir suprême à Thèbes vers la fin de la XXe dynastie, fit exécuter de bons travaux dans le temple de Khons. Une branche de cette même famille paraît avoir été la souche de la race plus puissante des rois *Bubastiles*, qui marqua aussi son passage par d'importantes constructions. Quelques œuvres recommandables portent les cartouches de *Scheschenk* et d'*Osorkon* (XXIIe dynastie, Xe siècle av. J.-C.).

Psamétik ayant réuni l'empire sous son sceptre (vers 665 av. J.-C.), après l'expulsion des conquérants éthiopiens, on voit, sous ce monarque, se développer une véritable renaissance. Cette quatrième époque, qui commence avec la dynastie saïte (XXVIe dynastie), a sa physionomie spéciale. La gravure des hiéroglyphes redevient d'une finesse extraordinaire et les belles statues se multiplient. Sans sortir du type égyptien, les membres acquièrent plus de souplesse et de vérité, et les statuettes deviennent extrêmement gracieuses. L'art saïte est très-bien représenté au Louvre. Le sarcophage de *Taho* (n° 5), rapporté par Champollion, est le chef-d'œuvre du genre, et les statues sont belles et nombreuses (voyez nos 80, 88, 87, 90). On imitait alors les formes sveltes de la XIIe dynastie, dont les souvenirs paraissent avoir été en grand honneur ; peut-être aussi les écoles de la Basse-Égypte étaient-elles restées plus fidèles que celles de Thèbes aux beaux types memphitiques de l'ancien empire. Il semble que l'art saïte était dans une excellente voie de progrès. Lorsque, au contraire, les Ptolémées firent dominer l'élément grec, la proportion fut rompue : la rondeur des formes, qui ne pouvait s'allier convenablement au type égyptien, ôta toute énergie aux contours, et le véritable art égyptien fit un naufrage presque complet, pendant que l'art alexandrin, grec sans mélange, produisait des œuvres d'un caractère extrêmement élevé. Le petit nombre de monuments ptolémaïques que possède le Musée (nos B, 34 à 41) ne donnent qu'une idée imparfaite de cette cinquième division chronologique. C'est dans les temples égyptiens et surtout dans l'admirable sanctuaire d'Edfou qu'on peut en prendre une juste idée.

Les sculptures égypto-romaines sont plus ou moins finies mais toujours d'un style détestable, surtout quant au tracé des hiéroglyphes, ce qui n'empêche pas certains objets (comme les zodiaques) d'avoir le plus haut intérêt scientifique. Au milieu de cette décadence, l'architecture, le plus vivace des arts, avait continué d'élever des monuments d'un aspect imposant dans un ordre purement égyptien. Dendérah en présente encore aujourd'hui le modèle le plus parfait.

Ce n'est point une appréciation complète des objets qui composent la salle des grands monuments égyptiens que l'on trouvera ici ; c'est une simple notice exposant au public la nature de chaque monument et le principal intérêt qui s'y rattache. On a quelquefois indiqué les dates historiques, mais l'on a dû garder une grande réserve sur ce sujet, à cause de l'état actuel de la science. Malgré les matériaux précieux qu'elle possède pour la chronologie égyptienne, il y a près de 300 ans de différence entre les évaluations des divers chronologistes sur la date du premier roi de la XVIIIe dynastie. En remontant plus haut que la conquête de Jérusalem par *Scheschenk* (xe siècle av. J.-C.), on n'a plus de moyen suivi pour contrôler les chiffres égyptiens; or ils ont souvent été altérés par les auteurs. On a pensé qu'il ne fallait pas mélanger les faits acquis avec des appréciations douteuses, et qu'il fallait rester souvent en deçà des limites de la science dans une notice d'où toute discussion devait nécessairement être bannie. Les monuments seront donc classés uniquement par dynasties.

N. B. On peut trouver une appréciation plus étendue des divisions chronologiques de l'art égyptien dans l'Avant-propos de la Notice sommaire des Monuments égyptiens du Musée du Louvre, et dans le Rapport sur l'exploration scientifique des principales collections de l'Europe, etc., inséré au *Moniteur* les 7 et 8 mars 1851. (A Paris, chez Franck.)

NOTICE

DES

MONUMENTS

EXPOSÉS DANS LA GALERIE D'ANTIQUITÉS ÉGYPTIENNES

(SALLE DU REZ-DE-CHAUSSÉE ET PALIER DE L'ESCALIER DU SUD-EST),

AU MUSÉE DU LOUVRE.

A.

SPHINX, STATUES, STATUETTES ET GROUPES.

Les caractères généraux, propres aux cinq époques de l'art égyptien, se reconnaissent particulièrement sur les figures de ronde bosse. Dans le premier style memphitique, les statues et les figurines représentent une race musculeuse et trapue; l'attitude est roide, les pieds sont souvent courts, le nez est droit, souvent gros et rond par le bout. La coiffure ordinaire se compose des cheveux coupés courts et dont les boucles sont rendues par des petits cubes.

Ces caractères appartiennent spécialement à la IIIe dynastie et au commencement de la IVe. Dans les statues du roi *Khafra*.

au Musée du Boulaq, on remarque déjà un art très-avancé. Celles qui appartiennent à la ve dynastie y joignent plus de finesse, et la statue de bois qui appartient au même Musée et qui a figuré à l'Exposition universelle a excité l'étonnement général par l'incroyable air de vie répandu dans cette œuvre admirable.

Nous ne connaissons pas encore de statues importantes appartenant à la vie dynastie et aux époques suivantes.

Sous la douzième dynastie, les saillies musculeuses des jambes sont encore vigoureusement indiquées; mais cette deuxième époque se caractérise par un nouveau canon des proportions du corps humain qui donne aux figures un aspect plus élancé.

L'école de la dix-huitième dynastie perfectionna la sculpture des têtes; les profils sont d'une grande pureté, et les lèvres, mieux dessinées, sourient gracieusement, mais les membres trop arrondis ont habituellement perdu leur vigueur; on voit apparaître les riches coiffures à petits tuyaux, et le ciseau reproduit quelquefois les longues robes d'étoffes transparentes. Les beaux colosses sculptés sous la dix-neuvième dynastie n'empêchent pas d'attribuer à cette époque le commencement d'une prompte décadence de l'art égyptien, qui se remarque surtout dans les monuments consacrés par les particuliers.

Les statues de l'école saïte ont au contraire reconquis la finesse et le naturel; la coiffure, assez volumineuse, se compose ordinairement d'une étoffe qui enveloppe complétement les cheveux. Le basalte égyptien, d'un grain si fin, fournit aux saïtes une matière de prédilection, et sa dureté semble n'avoir été qu'un jeu pour ces puissants artistes.

Sous les Ptolémées, les figurines de style égyptien deviennent très-rares. On conserve au Vatican deux colosses en granit de Ptolémée et d'Arsinoë Philadelphes; leur style est encore purement égyptien, ils se rapprochent des saïtes sans les égaler. Le Louvre possède une belle tête royale, bien franchement égyptienne par sa matière et sa coiffure, mais dont le modelé rappelle au contraire les artistes grecs. Il ne serait pas raisonnable de classer parmi les statues égyptiennes les imitations romaines de la *Villa Hadriani*, dont les auteurs n'ont emprunté à l'art pharaonique que des détails de pose ou de costume.

---

§ 1er. — DIEUX.

1, 2, 3, 4. — Statues léontocéphales en diorite.

Haut. : 1re 2,38 ; 2e 2,30 ; 3e 2,06 ; 4e 1,90.

Elles représentent la déesse *Sekhet* sous sa forme la plus usitée, c'est-à-dire comme une femme à tête de lionne, surmontée d'un disque solaire orné d'un *Uræus*. *Sekhet* était une déesse solaire ; on lui attribuait la formation des races asiatiques jaunes de même que la création de la race égyptienne était attribuée au soleil. *Sekhet* était aussi en connexion intime avec le dieu *Ptah* ; son titre favori était : *la grande amante de Ptah*. Les formes ou surnoms divers de *Sekhet*, tels que

Tefnut, *Menhi*, *Uer-t-heku* se distinguent par la tête de lionne, son emblème constant. *Sekhet* possédait une seconde forme, à tête de chatte, où elle avait particulièrement le caractère de déesse favorable ; elle prenait alors le nom de *Bast*. Son culte est très-ancien, et l'on trouve ces formes diverses usitées dès la XIIe dynastie. Ces statues portent les cartouches d'Aménophis III, et elles sont bien dignes de la XVIIIe dynastie par la largeur de leur style L'artiste s'est attaché aux grandes lignes en négligeant les détails ; les têtes sont particulièrement attaquées avec une grande vigueur, mais les membres sentent le mannequin.

5. — Statue en diorite.

Haut., 1,70.

La déesse *Sekhet* debout et dans l'attitude de la marche. Sa main gauche tient une tige de lotus qui lui sert de sceptre, la main droite porte le signe de la vie. L'entrée du temple de Maut à Karnak était décorée d'une triple rangée de cariatides semblables. Celle-ci en provient sans doute ; la plupart étaient marquées au cartouche d'Aménophis III. La vigueur des traits se rapporte parfaitement à cette époque.

6. — Statue en diorite.

Haut., 0,58.

La déesse *Sekhet* ; sur le dossier, la légende de Ramsès II (XIXe dynastie).

7. — Statue en diorite.

Haut., 2,06.

La déesse *Sekhet* ; sur les montants du fauteuil, à droite et à gauche, les cartouches de *Scheschenk Ier* (XXIIe dynastie), le vainqueur de Roboam, roi de Juda. Cette statue se recommande par la recherche de l'ajustement, mais les traits sont moins vigoureux que dans les *Sekhet* du règne d'Aménophis. Cette œuvre a été sculptée vers l'an 965 av. J.-C.

8, 9, 10 et 11. — Statues en diorite.

Haut. : 8e 2,16 ; 9e 1,60 ; 10e 1.58 ; 11e 1,50.

La déesse *Sekhet* sans légendes. Style de la XVIIIe dynastie.

12. — Groupe de granit rose.

Haut., 1,30.— L., 0,73.

Un roi coiffé du pschent est associé aux dieux Osiris et Horus. On n'a pas gravé son cartouche ; ses traits mutilés ne permettent pas de le déterminer. XIXe ou XXe dynastie.

13. — Fragment d'un groupe en granit.

Haut., 0,44.

Buste d'Ammon. La tête du dieu suprême de Thèbes est coiffée d'un diadème orné des deux plumes longues et droites qui lui appartiennent particulièrement.

14. — Statuette en granit gris.

Haut., 0,47.

Le dieu Horus enfant ou Harpocrate coiffé du *pschent* avec les emblèmes de la jeunesse : le doigt dans la bouche et la tresse de cheveux pendante.

15. — Granit.

Haut., 0,40.

Un dieu sous la forme d'épervier (Horus ou *Phré ?*).

§ 2. — STATUES ET SPHINX DE ROIS.

16. — Colosse en granit rose.

Haut., 2,71.

Ce monument est un des plus précieux que l'Égypte ait conservés ; il représente le roi *Sebekhotep III*, de la XIIIe dynastie. Indépendamment du grand nombre de siècles qui nous séparent des rois de cette époque, leurs monuments ont eu à subir les outrages d'une longue et désastreuse invasion. Aussi ne connaît-on plus que très-peu d'échantillons de la sculpture des dynasties qui précédèrent la XVIIIe. Ainsi que nous l'avons fait observer dans l'avant-propos, les surcharges de légendes gravées sous les rois postérieurs empêchent souvent de pouvoir faire une attribution précise pour divers morceaux qui appartiennent certainement à la XIIe dynastie. Une statue de cette époque existe encore à Berlin, elle provient de Tanis, où sa pareille est restée en place. L'une et l'autre ont été usurpées par Ramsès II, qui faisait graver partout ses cartouches. Le musée du Louvre possédait aussi, avant 1830, une statuette en cornaline du roi *Usurtesen Ier*; ce morceau inestimable, tant par sa rareté que par l'extrême beauté du travail, fut dérobé à la révolution de juillet et n'a point reparu depuis. La statue de *Sebekhotep III* est très-remarquable en elle-même par le type svelte du torse et par le port gracieux de la tête; elle est empreinte à un haut degré de cette sérénité douce et majestueuse qui fait le grand charme de l'art égyptien des belles époques. Mais le modelé des membres est déjà bien inférieur aux œuvres de la XIIe dynastie. Une seule statue de cette valeur et d'une pareille matière fait comprendre que le roi qui l'a fait exécuter pour décorer ses temples ou ses palais, n'avait point encore subi l'invasion des pasteurs. On voit que sous son règne l'Égypte était encore une grande puissance, cultivant les arts avec tranquillité. La légende royale de *Sebekhotep III* se lit sur les deux côtés du trône auprès des jambes du roi. Sans prétendre indiquer l'époque précise de cette statue, on peut affirmer qu'elle a été sculptée plus de deux mille ans avant l'ère chrétienne. D'après les souvenirs recueillis en Égypte, elle provient des fouilles faites par Drovetti dans la Basse-Égypte et très-probablement de Tanis.

17. — Statue demi-grandeur en granit gris.

Haut., 1,25.

Le même roi *Sebekhotep III*, XIIIe dynastie. Les artistes égyptiens de l'ancien royaume n'avaient pas compris seulement la majesté des colosses, cette statue montre qu'ils appliquaient leurs talents avec succès à des œuvres d'une moindre proportion. Le roi Sebekhotep III a bien ici la tournure svelte et le gracieux port de tête que l'on remarque dans son colosse (nº 16). On lit sur le trône, auprès de ses jambes, la légende royale avec cette addition : Aimé de la déesse *Hamen, dans sa bonne demeure de Hefa.*

Ces figures donnent une idée suffisante de l'art statuaire sous la XIIIe dynastie. Ainsi que nous l'avons dit plus haut, cette division serait peut-être encore représentée par le sphinx nº 21, et l'art de la XIIe dynastie devrait revendiquer le sphinx nº 23 et la statue colossale nº 20.

18. — Pieds d'un colosse en granit rose.

Haut. du socle, 0.45 ; h. des pieds, 1,05. — Long. du socle, 1,95.

Devant ces pieds, sur le socle, on lit la légende royale d'Aménophis III, celui auquel les Grecs avaient donné le nom de *Memnon*, et dont le célèbre colosse résonnait au lever du soleil.

Voici cette légende :

1re lig. *Le Dieu bienfaisant, le lion des rois, le roi de la haute et de la basse région, soleil seigneur de justice, aimé de Ra. aimé de Sokari, seigneur de Scheti.*

2e lig. *Le fils du soleil, uni avec les dieux, Amenhotep, roi de Thèbes, l'aimé d'Amonra, roi des dieux.*

Le plus grand intérêt de ce morceau consiste dans vingt-trois noms de peuples vaincus, renfermés dans des cartouches crénelés qui entourent la base du colosse, suivant l'idée égyptienne reproduite par le Psalmiste : *Que tes ennemis soient l'escabeau de tes pieds.*

Les vingt-trois nations représentées ici sont toutes africaines et ont le profil nègre. Leurs noms reproduisent une partie des nations africaines mentionnées par les inscriptions grecques et égyptiennes, ainsi que par les auteurs arabes. Quelques signes étant encore douteux, il reste une légère incertitude dans la lecture de quelques-uns de ces noms.

En face :

1° ..... (détruit);	4° *Taarta;*
2° *Anu de Kens;*	5° *Akaïta;*
3° *Kusch, la vile;*	6° *...bara.*

Côté droit :

1° *Kusch, la vile;*	7° *Ruittaku;*
2° *Arka;*	8° *Abehat;*
3° *Makuïsa;*	9° *Tursu;*
4° *Matakarahu;*	10° *Uurschak;*
5° *Sahaba;*	11° *Akenes.*
6° *Sabara;*	

Côté gauche :

1° *...kahab;*	4° *Pamaïua;*
2° *Pamaïka;*	5° *Patakiu;*
3° *Uarki;*	6° *Paramaka.*

Les autres sont devenus illisibles. Tous ces noms appartiennent aux régions africaines et la plupart à des peuples nègres.

Cette campagne d'Aménophis III peut être rapportée au XVIIe siècle avant notre ère.

19. — Tête colossale en granit rose.

Haut., 1,70.

Cette tête royale, malheureusement si mutilée, rappelle les traits d'Aménophis III; elle était coiffée de la couronne de la région supérieure.

20. — Statue colossale en diorite.

Haut., 2,56.

Elle porte les légendes du roi Ramsès-Meïamoun, fils de Séti Ier, celui qu'on appelle ordinairement Ramsès le Grand. Son histoire a été longtemps compliquée par une question dont la solution était bien nécessaire. Deux souverains, fils du même père, avaient fait sculpter des conquêtes extrêmement semblables à *Beit elouali* et à *Ibsamboul*. Leurs noms étaient identiques, leurs prénoms ne différaient que par l'addition d'une qualification très-usuelle, *l'approuvé du dieu Phré* [hieroglyphs] On paraît s'accorder maintenant à reconnaître que ces deux personnages ne sont qu'un seul et même roi. La table d'Abydos est dédiée par ce souverain à ses ancêtres avec la seconde variante du prénom, et les ancêtres lui répondent en le nommant par la première variante. Ce texte paraît décisif (1).

Quelques auteurs ont prétendu que Ramsès II avait passé son enfance dans l'exil et reconquis son royaume. L'empire de *Séti Ier* fut, au contraire, remis intact entre ses mains. Une stèle de la troisième année de son règne le montre environné de gloire dès sa plus tendre jeunesse; *des cris de joie ont retenti dans le ciel le jour de sa naissance*, dit l'inscription. Il avait déjà fait une expédition en *Éthiopie*; *ses pieds avaient foulé les Libyens et sa corne s'était enfoncée au milieu d'eux. Ses esprits ont dominé Khentnofre, et sa terreur a forcé les Akata* (deux peuples éthiopiens). *Son nom a fait le tour du monde par les exploits de son bras.* Quoiqu'on doive rabattre quelque chose de ces flatteries, Ramsès commence donc son règne par des conquêtes extérieures. La campagne d'Éthiopie est retracée à Beitelouâli. L'an V de son règne, Ramsès II quitta l'Égypte pour réprimer l'insurrection des peuples de l'Asie occidentale, qui avaient organisé contre lui une confédération formidable. C'est dans cette campagne que Ramsès, séparé du gros de son armée, fut attaqué par un corps de 3,000 chars, et ne dut son salut qu'à des prodiges de valeur personnelle. Cet exploit fournit le sujet d'un poëme qui nous est parvenu presque tout entier, et que le roi fit graver sur les murailles de divers temples. Ramsès promena ses armes victorieuses sur une partie de l'Asie. Ses victoires sont sculptées dans les grandes pages historiques qui décorent *Ibsamboul, Louqsor* et le *Ramesséum*. On retrouve en première ligne de ses ennemis et comme chefs de la confédération hostile à l'Égypte, les princes de *Khet*, vaincus mais non détruits par Séti Ier. Il est douteux que Ramsès II ait

(1) Les dernières fouilles d'Abydos ont d'ailleurs tranché la question. Il fut, dès son enfance, associé à la couronne de son père. Le cartouche, sans l'addition, appartient à la première période de son règne.

remporté sur cette race belliqueuse des avantages aussi décisifs que le prétendent les inscriptions officielles; car, la vingt-unième année de son règne, le roi d'Égypte leur accorda un traité de paix où leurs chefs furent traités avec grand honneur. Aussi les retrouve-t-on très-puissants sous les règnes suivants.

Ramsès II couvrit l'Égypte de monuments; son nom marque d'importantes constructions depuis *Tanis* jusqu'au fond de la Nubie. A Thèbes, le célèbre *Ramesséum* est un monument religieux et funéraire, spécialement consacré à sa mémoire. L'art déclina rapidement sous son règne, malgré ses immenses travaux. Il eut le tort de faire substituer ses propres cartouches à ceux de son père sur la salle hypostyle de Karnak et sur d'autres monuments du règne précédent, dont le type artistique est généralement supérieur à ceux qu'il fit exécuter. Son orgueil paraît n'avoir point connu de bornes. Souvent il s'introduit lui-même dans les triades divines auxquelles il dédie les temples. *Le soleil de Ramsès-Meïamoun*, qu'on aperçoit sur leurs murailles, n'est autre chose que le roi lui-même déifié de son vivant. Le souvenir de ses conquêtes était encore vivant en Égypte sous les empereurs, et Tacite l'a rappelé; mais nous ne trouvons aucune trace qui nous montre sa mémoire vénérée après sa mort, comme celle de plusieurs des rois, ses ancêtres. Un de ses successeurs atteste seulement qu'il régna 67 ans et qu'il était resté célèbre pour le nombre et l'éclat des monuments de son règne.

Le trône de cette statue est orné partout des légendes royales de *Ramsès-Meïamoun*; ce nom lui convient particulièrement; Ramsès III, *Hik-anu*, n'a porté la qualification de *Meïamoun* que dans son *cartouche prénom royal*. Sur les côtés de son siége, la déesse du Nord, à gauche, et celle du Midi, à droite, sont représentées avec leurs plantes symboliques, une sorte de lys et le papyrus. Le roi se dit l'aimé de ces déesses.

Quoique la tête soit ici mutilée, un examen attentif a fait reconnaître que le galbe général de la figure ne ressemble pas aux têtes bien conservées d'Ibsamboul et de Mit-rahineh. Nous n'avons ici qu'une statue usurpée par ce pharaon et dont nous ne pouvons pas déterminer la véritable attribution originaire. Elle provient probablement d'un souverain du premier empire. La saillie des muscles et l'étude attentive des genoux rappèlent le style de la XIIe dynastie. Les côtés du trône ont été remaniés pour y graver la légende de Ramsès.

Le règne de Ramsès II se place vers le xve siècle avant J.-C.; mais la chronologie offre déjà des incertitudes lorsqu'on remonte à cette époque.

21. — Sphinx de granit de rose.

Haut. 1,69; long. 3,13.

Les deux cartouches de Ramsès II (V. Sharpe, 2 série, p. 44) sont gravés sur la poitrine et entre les deux pattes de devant, mais ce qui reste du visage ne permet pas de penser à lui attribuer l'origine de ce beau monument. La coupe du front rapprocherait plutôt cette figure de celle de *Sebek-hotep* III (voyez A 16.) Le corps du lion est d'un galbe léger et nerveux; nous ne connaissons rien dans les monuments de Ramsès qui approche des belles lignes de ce sphinx. D'après des souvenirs qui malheureusement manquent de précision, ce sphinx proviendrait des fouilles de Tanis; il nous paraît, en tout cas, incontestable, qu'il appartient à l'ancien empire. Son style est très-différent de celui des sphinx de la XVIIIe et de la XIXe dynasties.

Une légende plus ancienne a été effacée sur la poitrine pour y graver les cartouches de Ramsès. La base était ornée d'une double inscription profondément gravée dans le granit, et dont le point de départ était en face de la tête. On distingue encore à droite la légende de Ramsès II, suivie de cette phrase : *Le Set de Ramsès Meïamoun donne une vie stable et puissante sur le trône du soleil à toujours*. Sur la côté gauche est une phrase toute semblable, où la figure de *Set*  a été martelée. Le dieu *Set* (ou Typhon), frère d'Osiris, et qui l'avait détrôné, fut en grand honneur sous la xixe dynastie. Les rois Séti I et II lui empruntèrent leurs noms. C'était le dieu guerrier par excellence, et l'animal mythique qui le représente ici, était, dès une très-ancienne époque, le symbole de la vaillance. Plus tard, il fut exécré comme le symbole du mal, et son image fut martelée, comme ici, sur presque tous les monuments de la famille de Ramsès.

Merenptah, fils de Ramsès II, fit, à son tour, graver ses cartouches sur l'épaule droite du même sphinx.

22. — Bas d'une statue en albâtre oriental.

Haut., 2,06.

Ce monument, dont toute la partie supérieure est une restauration moderne, était une statue appartenant réellement à Ramsès II. La matière en est d'une remarquable beauté, et le bas du corps fait vivement regretter sa mutilation. La légende royale de Ramsès II orne les deux côtés des jambes et le dos du siége. La beauté de la matière et l'importance même du personnage représenté rendent plus sensible la mauvaise exécution des membres qui ont perdu tout cachet de vérité. La comparaison de ces jambes, avec celles du colosse nº 20, ne laisse aucun doute sur l'usurpation commise par Ramsès, pour ce dernier.

23. — Sphinx en granit rose.

Haut., 2,06 ; long., 4,79.

Ce monument majestueux porte aujourd'hui les cartouches du roi *Merenptah*, fils de Ramsès II. Le corps du lion est établi de telle sorte que chacune de ses pattes repose sur un anneau Ω, symbole d'une longue période de siècles. Les cartouches du roi sont gravés sur la poitrine et sur l'épaule droite du sphinx. Longtemps après, Scheschenk Ier, le vainqueur de Roboam, fit, à son tour, substituer ses propres cartouches à ceux de *Merenptah*, sur l'épaule gauche. Il fit de même graver l'inscription circulaire autour de la base actuellement si mutilée.

Le roi *Merenptah*, nommé par les historiens *Ménophis* et *Aménéphthès* (en égyptien, *Merenptah-Hotephima*), est, suivant toute apparence, l'adversaire de Moïse. La chronologie de la Bible dans l'époque des juges, et celle d'Egypte dans les XIXe, XXe et XXIe dynasties, laissent trop d'incertitude pour que l'accord des chiffres assure ce résultat d'une manière inattaquable; mais les circonstances de l'histoire hébraïque s'appliquent ici d'une manière on ne peut plus satisfaisante. Les Hébreux opprimés bâtissaient une ville du nom de Ramsès. Ce récit ne peut donc s'appliquer qu'à l'époque où la famille de Ramsès était sur le trône. Moïse, contraint de fuir la colère du roi après le meurtre d'un Égyptien, subit un long exil parce que le roi ne mourut *qu'après un temps fort long*; Ramsès II régna en effet plus de 67 ans. Aussitôt après le retour de Moïse commença la lutte qui se termina par le célèbre passage de la mer Rouge. Cet événement eut donc lieu sous le fils de Ramsès II, ou tout au plus tard pendant l'époque de troubles qui suivit son règne. Ajoutons que la rapidité des derniers événements ne permet pas de supposer que le roi eût sa résidence à Thèbes dans cet instant. Or, *Merenptah* a précisément laissé dans la Basse-Égypte, et spécialement à Tanis, des preuves importantes de son séjour. *Merenptah* était le treizième fils de Ramsès II ; il régna vers le XIVe siècle avant J.-C. Notre grand sphinx a été trouvé à Tanis; il y faisait partie du riche dépôt des monuments, provenant du premier empire, qui traversèrent l'époque des pasteurs. On reconnaît, sur son épaule droite, les traces visibles de la légende commençant par le nom du dieu *Set*  que le roi pasteur *Apapi* fit très-légèrement graver sur divers monuments de Tanis, où il se contenta de faire appliquer ainsi la marque de sa souveraineté. L'origine du monument doit appartenir à l'un des Pharaons de la XIIe dynastie, qui ont tant contribué à décorer le premier temple de Tanis. On reconnaît aussi les restes d'un cartouche d'*Apapi* sur la base, auprès du flanc droit. Ces légendes du roi pasteur furent soigneusement effacées après le triomphe des Pharaons, qui les expulsèrent.

24. — Colosse en grès rouge (donné par MM. Forestier et Guidi.)

Haut., 4,65.

Il représente le roi *Séti II* (XIXe dynastie), fils de *Merenptah*, coiffé de la double couronne nommée *Pschent*. Il tient dans la main gauche un grand bâton d'enseigne sur lequel est sa légende royale : *L'Harphrê puissant, aimant le dieu Ra; le seigneur des régions, gouvernant l'Égypte et châtiant les nations; le roi de la Haute et de la Basse-Égypte; le seigneur des deux mondes, soleil maître des créations* (?), *aimé d'Ammon; le fils du Soleil, Séti, l'aimé de Ptah; l'aimé d'Amonra, roi des dieux.*

La légende du roi est répétée sur la base et sur le dos du colosse. Le dieu *Set* est martelé partout, son image  n'a échappé qu'une seule fois à cet outrage, dans un des cartouches gravés sur le dos.

La ceinture du roi est fermée par une boucle sur laquelle était gravé le nom royal avec une addition remarquable : *Séti, aimé de Ptah, aimé comme Sekhet.*

La déesse *Sekhet* était, en effet, habituellement surnommée la *grande amante de Ptah*, ce qui explique cette comparaison.

Séti II est probablement le *Séthos* mentionné par Fl. Josèphe, lequel avait d'abord éprouvé des revers et devint ensuite un conquérant, car un papyrus du Musée britannique montre qu'il domina l'Asie à son tour. On peut placer son règne vers le XIVe siècle avant notre ère.

25. — Tête en granit noir.

Cette jolie tête est coiffée d'un casque décoré de l'uræus royal; son style est franchement égyptien. Elle n'est malheureusement accompagnée d'aucune légende qui fasse connaître le nom du roi qu'elle représentait.

26. — Sphinx en basalte.

Haut. 0,88; long. 1,51.

Sur la légende très-mutilée qui entoure la base, on lit encore deux fois le nom du roi *Nefauiret*, nommé par Manéthon Néphérités, de la XXIXe dynastie, qui monta sur le trône l'an 398 avant J.-C.

27. — Sphinx en basalte.

Haut. 0,88; long. 1,51.

La légende mutilée porte les cartouches du roi *Hakor*, nommé par les Grecs Akoris, de la XXIXe dynastie. Ce roi succéda à Néphérités en 392.

28. Statue en basalte.

Haut. 0,80.

La coiffure avec l'uræus prouve que cette statue était celle d'un roi. Elle n'a aucune inscription. Sa grâce et son fini rappellent le beau torse du Nectanébo de la Bibliothèque nationale.

29. — Sphinx en grès statuaire.

Haut. 0,63 ; long. 0,88.

Il représente le roi Nectanébo IIe (xxxe dynastie) ; la légende royale entoure sa base. L'uræus, insigne de royauté, orne la coiffure du roi ; malgré la mutilation du nez, on reconnaît encore bien les traits de ce monarque, conservés sur d'autres monuments.

Nectanébo IIe, dont le nom égyptien se lit *Nekht-nebf*, fut le dernier Pharaon de la dernière dynastie égyptienne dite *Sébennytique*.

30 et 30 bis. — Sphinx en grès statuaire.

Haut. 0,35; long. de la base 0,60.

Aucune légende n'indique le roi qu'ils représentent ; ils ressemblent extrêmement au sphinx de Nectanébo.

31, 32, 33, 34. — Sphinx de diverses époques de l'art égyptien, restaurés dans plusieurs de leurs parties. Ces sphinx ne portent aucune inscription.

N° 31, haut. 1,10; long. 2,30. — N° 32, haut. 1,10 ; long. 2,30. — N° 33, long. 1,14 ; haut. 0,65. — N° 34, long. 1,14 ; haut. 0,65.

§ 3.—STATUES ET FIGURES DE PERSONNAGES DIVERS.

36. — Statue en pierre calcaire.

Haut. 1,59.

Un homme debout, nu jusqu'à la ceinture ; il est vêtu d'une simple *schenti* attachée par une ceinture sans ornements. La

2

main droite, collée au corps, tient entre le pouce et l'index le sceptre nommé *pat*, signe du commandement. La main gauche, appuyée à la poitrine, tient le grand bâton, symbole des chefs. La coiffure, imitant de petites boucles étagées et taillée carrément, ne descend que jusqu'au cou; elle est peinte en noir; les jambes sont nues et à demi-engagées dans le bloc. La pupille, les paupières et les sourcils sont peints en noir, et le dessous des yeux orné d'une bande verte (1).

Le style de ce morceau rappelle par sa rudesse et sa simplicité les plus anciens monuments funéraires, voisins des Pyramides, et annonce la plus haute antiquité. Ce personnage s'appelait *Sepa*, il avait la dignité de prophète et de prêtre du taureau blanc. Les épaules sont hautes, la tête très-ronde, le torse fort, les jambes ébauchées très-largement et l'articulation du genou très-vigoureusement rendue. Les pieds sont beaucoup plus courts que d'ordinaire. Tous ces caractères indiquent le premier âge de la sculpture égyptienne. Les hiéroglyphes sont également du plus ancien caractère.

Il serait téméraire de fixer une date à ce monument. Mais on peut affirmer qu'il a été sculpté sous la IIIe ou tout au commencement de la IVe dynastie.

37. — Cette statue ne diffère de la précédente que par sa taille un peu plus élevée. La légende est exactement la même, elle représente le même individu *Sepa*, appartenant à la famille royale; c'est ce qu'indique le titre *suten rekh*, qui est attribué ordinairement aux petits-fils d'un roi ou d'une reine et que nous traduisons par *parent royal*.

Haut., 1,65.

38. — Statue de femme en pierre calcaire.

Haut., 1,52.

Elle appartient évidemment à la même époque et probablement à la même famille que la statue de *Sepa*. Le bas des

---

(1) Cette bande peinte se retrouve partout dans les plus anciens tombeaux de Gizeh.

yeux était orné d'une bande verte, la prunelle était peinte en noir, ainsi que les cils, les sourcils et la coiffure, qui descend jusqu'aux seins. Elle est vêtue d'une simple robe ou chemise ouverte en triangle au milieu de la poitrine. Les bras sont ornés de bracelets composés de douze anneaux qui étaient également peints en couleur verte. Les pieds sont courts et le gras des cuisses très-marqué. Sa légende se lit : la *royale parente Nesa*.

Les trois numéros qui viennent d'être décrits méritent la plus grande attention. Leur style est celui des plus anciens bas-reliefs copiés dans les tombeaux de Memphis, contemporains authentiques des premières dynasties. Nous n'avons pas connaissance que d'autres statues de grandeur naturelle appartenant à cette époque aient encore été découvertes; on peut donc les considérer à bon droit comme les plus anciennes statues du monde entier. La raideur de la pose et l'extrême simplicité de la composition s'allient, dans ces morceaux, à un profond sentiment de la vérité et n'excluent pas une certaine grandeur. On remarquera le soin avec lequel on a cherché à rendre la nature à l'articulation des genoux.

39. — Statuette en diorite.

Haut., 0,61.

Un homme assis; le tracé de sa légende indique une époque très-reculée.

La tournure trapue, les épaules très-hautes et la coiffure simple, les cheveux partagés au milieu du front et tombant naturellement, sont autant de caractères qui appartiennent à l'époque des Pyramides. Les hiéroglyphes gravés en relief sur ses cuisses nous font savoir qu'il était prêtre d'Horus et se nommait *Ra-sankh*.

40. — Statuette en diorite.

Haut., 0,58.

Un homme assis; aucune légende ne l'accompagne. Il n'est vêtu que de la *schenti*. Sa tête, revêtue de la coiffure la plus simple, était probablement rasée. Son type est court et trapu les oreilles assez basses et les muscles des bras et des jambes fortement accusés. Tout dans son style indique l'antiquité.

41. — Statuette en terre calcaire.

Haut. 0,70.

C'est l'image de *Kaké*, qualifié maître de maison.

Le siége de cette statue a été peint en noir, ainsi que les cheveux, les yeux et les sourcils.

La coiffure courte et évasée, ainsi que les jambes nerveuses, indiquent une haute antiquité. Son nom est celui d'un Pharaon de la ve dynastie.

42. — Statuette en pierre calcaire.

Haut., 0,58.

Un personnage assis, les jambes croisées, tient un rouleau de papyrus déroulé devant lui ; il n'a point de légende. Sa coiffure courte et ronde, le type de la figure et le dessin des jambes indiquent la ve dynastie.

43. — Groupe en pierre calcaire.

Haut., 0,32.— Larg., 0,46.

Deux hommes assis, vêtus de la *schenti:* ils tenaient en main la bandelette nommée *Senb*. Leur gorge est ornée de colliers, leur peau est fortement colorée en rouge brique, leur coiffure est courte et évasée.

L'un est le docteur *Oëri*, l'autre le prêtre *Sen*. Ces deux noms sont gravés sur le socle, auprès de leurs pieds. Style de la ve dynastie.

44. — Groupe en pierre calcaire.

Haut., 0,76. — Larg., 0,45.

Un homme et une femme assis. La femme ainsi placée est ordinairement la femme ou la sœur du principal personnage. L'homme a la tête rasée, sa peau était peinte en rouge brique.

Un petit garçon nu, debout entre leurs jambes, a les caractères symboliques de l'enfance : le doigt dans la bouche et la longue tresse de cheveux pendante.

Les légendes ont disparu avec la peinture de ces figures.

Style de la ve dynastie.

45. — Groupe en pierre calcaire.

Haut., 0,85. — Larg., 0,40.

Un homme assis, vêtu de la *schenti* rattachée par une ceinture. Une jeune femme se tient debout auprès de lui. Aucun insigne ni aucune légende n'accompagne ce groupe ; il avait été colorié en entier. Les nez gros et rond, la coiffure courte et massive, et les jambes lourdes et nerveuses indiquent la IVe ou la Ve dynastie.

46. — Statuette en pierre calcaire.

Haut., 0,77.

Un homme debout, les bras pendants. Il est vêtu d'une *schenti* blanche ; la peau est teinte en rouge brique ; les cheveux, les sourcils, les paupières et les prunelles sont noirs ; la coiffure est courte, le nez gros et rond. Un collier vert et bleu entoure sa gorge. Les formes plus légères de ce personnage n'empêchent pas de constater, dans les bras et les genoux surtout, le style de la Ve dynastie.

NOTA. — Voir le supplément A, n°s 101 à 109, pour les autres figures de l'ancien Empire.

47. Groupe en grès rouge.

Haut., 0,83. — Larg., 0,50.

Deux personnages debout, engagés dans une sorte de *naos*.

C'étaient deux prêtres de Phtah, le père et le fils. Le père se nommait *Ra-shotepab-ankh-net'em*, le fils *Neb-pou*. Le monument leur a été dédié par le petit-fils, qui s'appelait *Ra-shotepab le jeune*, autant qu'on peut le reconnaître sur l'inscription verticale du côté gauche, un peu mutilée. Ce groupe appartient à la XIIe dynastie, ce qu'on reconnaît facilement aux noms propres composés avec *Ra-shotep-ab*, prénom royal d'*Amenemhé Ier*, chef de cette dynastie. Le premier de ces deux personnages porte le titre de *Sam* ou premier prophète à Memphis.

48. — Statuette en diorite.

Haut., 0,52.

Elle représente un homme assis. Son nom propre, *Usertesen*, indique la XIIe dynastie; sa fonction est effacée. Le style est très-simple: les oreilles sont grandes et placées très-haut, le ventre un peu obèse; le nez, droit et long, donne à la figure un assez grand caractère. La coiffure est semblable à celle qu'on retrouve bien plus tard dans les statues de la dynastie saïtique (la XXVIe) : les cheveux enveloppés et tombant tout d'une pièce jusqu'aux épaules.

49. — Fragment d'une statuette en diorite.

Elle faisait partie d'un groupe. Le nom du personnage, *Monthotep*, se lit dans l'inscription gravée derrière le fragment qui paraît appartenir au style de la XIIe dynastie.

50. — Fragment d'une statuette en diorite.

Haut., 0,40.— Larg., 0,24.

Un personnage agenouillé soutenait une stèle où l'on voit le roi Aménophis III faisant une offrande au dieu Amon.

L'inscription de cette stèle nous apprend que le basilicogrammate *Amenemhé*, surnommé *Surara*, fait une prière au dieu Ammon. Il demande à ce dieu, *seigneur du ciel et du monde*, d'accorder la durée du règne du soleil au roi Aménophis III. Cette figure a été sculptée vers le XVIIe siècle avant notre ère.

51. — Fragment de statuette en diorite.

Haut., 0,44.

Cette statuette représentait le même personnage que le numéro précédent. Il prend les qualifications de *noble chef qui est en la présence du seigneur des deux mondes; la gloire du cœur du roi.... grand surintendant de la maison du roi, chef des doctrines d'Ammon, basilicogrammate... chef du secret des divines paroles chargé du sceau du dieu Ammon, flabellifère à la gauche du roi, Amenemhé dit Surara.* Dans cette statuette, Amenemhé tenait en main le signe nommé *senb*, et ses pieds étaient chaussés de sandales attachées sur le cou-de-pied par de larges bandes.

52. — Fragment d'une statuette en diorite.

Haut., 0,44.

Cette statuette appartenait encore au même *Amenemhé* dit *Surara*. Il prend ici des qualifications nouvelles; outre ses titres principaux, on lit ces mots : *Celui qui jouit d'une faveur constante auprès du maître des deux mondes; l'un des docteurs du roi; l'approuvé du roi...; l'intendant des troupeaux du domaine d'Ammon ..; celui qui approche du roi; le compagnon des jambes du seigneur des deux pays; l'intendant des champs d'Ammon.* L'ensemble de ces qualifications montre un homme de la classe sacerdotale occupant des emplois assez divers et jouissant de la faveur du roi Aménophis III. Sa mère est nommée *Tui*.

53. — Groupe en pierre calcaire.

Haut., 0,36. — Larg., 0,19.

Deux personnages assis : l'homme, *Semaut*, occupait une fonction sacerdotale sous le règne de *Tahutmes III* (XVIIIe dynastie). Sa femme (ou sa sœur) était la dame *Mautnofre*. Ce joli groupe était peint, l'homme en rouge et la femme en jaune; le nom d'Ammon est martelé dans la prière qui est gravée sur les côtés du siége. *Semaut* tient en main le *senb*, signe d'une vie saine et paisible.

54. — Groupe en grès.

Haut., 0,77. — Larg., 0,45.

Il représente un *grammate chargé des revenus d'Ammon*

dans le midi, nommé *Unsu.* Auprès de lui est sa femme *Amenhotep.*

Le nom d'Ammon a été martelé avec acharnement sur ce groupe. Il appartient à l'époque des Toutmès, ce que confirme le beau tracé des hiéroglyphes. Le nu de l'homme est peint en rouge vif, celui de la femme en jaune. Derrière le siége était une prière en beaux hiéroglyphes; elle est défigurée par le martelage du nom d'Ammon.

Ces mutilations, dues suivant toute apparence au superstitieux Aménophis IV, qui voulut abolir tout autre culte que celui du disque solaire, deviennent très-précieuses pour la classification de certains monuments, puisqu'elles indiquent le règne d'Aménophis III (XVIIIe dynastie) comme une limite inférieure pour l'époque des inscriptions qui ont été martelées.

55. — Groupe en grès.

Haut., 0,72. — Larg., 0,38.

L'homme se nommait *Tahut-nefer,* surnommé *Sosche;* il était grammate des troupeaux d'Ammon. Sa femme *Benemba* est auprès de lui. *Tahut-nefer* a les chairs peintes en rouge, il est enveloppé jusqu'aux épaules d'une robe qui ne laisse passer que les mains; sa femme était peinte en jaune. Le nom d'Ammon a été martelé sur ce groupe (XVIIIe dynastie).

56. Statuette en pierre calcaire.

Haut., 0,36.

Le personnage assis se nommait *Piaa.* Sur le côté du socle est mentionnée sa femme, la dame *Nubemusekh.* Ce nom signifie *l'or dans la salle d'assemblée.* On rencontre assez souvent des noms propres d'une composition aussi recherchée.

Piaa, vêtu d'une robe blanche, était peint d'un rouge vif (XVIIIe dynastie).

57. — Groupe en pierre calcaire.

Haut., 0,34.

L'homme se nommait *Nefer-hebf* et la femme *Taei.* Le petit enfant qui les accompagne s'appelait *Uahermeri*, nom qui signifie « augmentation à l'amour. » Ce groupe, d'une grande finesse, doit sa mutilation aux adversaires du culte d'Ammon. Le nom de ce dieu était gravé dans l'inscription qui décore les genoux des deux personnages. Le martelage a cassé la tête du petit enfant si gracieusement posé entre les jambes de ses parents. L'homme peint en rouge tient en main le *senb* ∩; il a la belle coiffure à tuyaux étagés ; il était nu jusqu'à la ceinture. Son bras est entrelacé avec celui de sa femme : celle-ci avait une robe blanche ouverte entre les deux seins. Sa peau était peinte en rose ; elle porte un collier ouvragé, et sa coiffure est très-ornée, elle descend jusqu'à la moitié de la poitrine Le martelage du nom d'Ammon fixe la date de ce joli groupe vers le milieu de la XVIIIe dynastie.

58. — Groupe en pierre calcaire.

Haut., 0,39.

L'homme se nommait *Heknofre.*

Le nom de la femme était *Mautmaï.*

Ce groupe est bien mutilé; il était d'un bon style, la netteté des hiéroglyphes annonce la XVIIIe dynastie, l'homme était peint en rouge vif et la femme en jaune; ils sont vêtus l'un et l'autre d'une robe blanche ; le mari a de plus un grand collier. Entre leurs jambes, un jeune garçon et une petite fille. On lit encore le nom du fils, *Amenerhatf.*

59. — Statuette en pierre calcaire.

Haut., 0,35.

Un homme agenouillé, tenant une stèle devant lui.

Il se nommait *Mautse* et était *nub* (nautonnier?) du dieu *Horus générateur, fils d'Isis*. La stèle est un acte d'adoration au soleil. La tête de ce personnage était peinte d'un rouge vif, ses cheveux et sa barbe en noir. Les hiéroglyphes sont bien tracés. Le nom d'Ammon n'est pas martelé, cette figure est donc moins ancienne.

60. — Fragment de statuette en grès rose.

Haut., 0,55. — Long. de base 0,47.

Un personnage agenouillé tenant un naos.

C'était un prêtre de Ptah nommé *Ptah-maï*. Il porte, entre autres titres, ceux de *sam de Ptah, choisi par le roi dans la demeure de Ptah à cause de sa vertu; le régulateur de la justice dans le conseil des trente:* celui dont *toutes les paroles sont en équité*. Ce personnage réunissait des fonctions sacerdotales et judiciaires. Il était revêtu de la peau de panthère, costume officiel du *sam* de Phtah, chef du sacerdoce à Memphis; les deux pattes de derrière viennent s'appuyer sur ses cuisses. Ses pieds étaient chaussés avec des sandales à larges brides. Le naos est décoré au sommet d'un disque ailé; la figure d'Osiris est au fond; une pierre couvre les deux montants. Le style de ce morceau annonce la XVIIIe dynastie.

61. — Groupe en pierre calcaire; deux personnages debout.

Haut., 0,65. — Larg., 0,30.

Tout ce groupe était peint en rouge, les hiéroglyphes rehaussés de bleu.

Le nom de l'homme est effacé; il était *grammate du trésor* de *Ptah*, grand-prêtre de *Ptah Totunen*. Auprès de lui est sa sœur, *l'attachée au culte d'Hathor, Neferu-ptah*; elle porte le sistre. Auprès de celle-ci est gravée sur le côté gauche l'image d'une fille, *l'attachée au culte de Nu-t, Hunra* (XVIIIe ou XIXe dynastie).

62. — Statuette en grès.

Haut., 1,00.

Elle représente une jeune femme assise; elle était attachée au culte d'*Ammon* et se nommait *Hent-ateh*, ce qui signifie « régente d'une partie du Delta. » Ce nom indique une origine élevée, en effet elle porte le titre de « favorite royale » donné souvent aux princesses. Le fils de cette dame, nommé *Amenemheb*, était chef du temple d'Ammon. C'est ce que montre l'inscription gravée sur le côté gauche du siége; à droite, c'est un fils défunt de la même personne, nommé *Tahu, porte-encensoir du roi*, qui adresse une prière aux dieux *Ammon*, *Maut* et Osiris. Cette dame tient un sistre, insigne de sa charge; la statuette semble avoir été complètement peinte en blanc, sauf sa riche coiffure qui était peinte en noir (XVIIIe dynastie).

63. — Groupe en pierre calcaire.

Haut., 0,31. — Larg., 0,20.

Ces deux personnages étaient *Pentuau* et son père *Téti*. L'un et l'autre portent le titre d'*officier principal*. Leur peau était peinte en rouge, leurs cheveux et leurs prunelles en noir. Ils soutiennent devant eux une stèle, où est représentée la barque du soleil et sur laquelle est gravée leur adoration au soleil levant (XVIIIe dynastie).

64. — Buste en grès statuaire.

Haut., 0,75.

Il est enveloppé d'un ornement se joignant à la coiffure et qui ne laisse sortir que la tête. Ce morceau représente un *scribe royal* nommé *Merian* de Memphis. Il porte en outre les titres de *serviteur de Ptah, basilicogrammate, chef de maison*.

Sur la poitrine du personnage est l'image d'Osiris; elle est adorée à droite par *Merian* lui-même, à gauche par sa sœur *Anaï*, vêtue d'une robe transparente, et portant le sistre. Sur les épaules sont gravés : à droite, la déesse *Sekhet*, *Hathor* et le taureau *Hapi*; à gauche, *Ptah*, *Nofreatmu*, et *Anubis*. Ce morceau doit être classé vers la XVIIIe ou la XIXe dynastie.

65. — Statuette en pierre calcaire.

Haut. 0,62.

Un personnage accroupi, nommé *Khaa*, tient devant lui un naos, dans lequel est un cynocéphale ayant sur la tête un disque lunaire.

Il était *basilicogrammate de la table* du roi (sommelier), les cartouches de Ramsès II sont gravés sur ses épaules. Le socle et le derrière de cette statue sont ornés de légendes bien gravées, où l'on peut remarquer les deux scarabées, employés pour désigner l'Égypte. C'est le plus ancien exemple connu jusqu'ici de cette orthographe (XIXe dynastie).

66. — Statue en diorite.

Haut. 1,86.

Ce personnage, représenté debout et dans le costume de sa dignité, était le *premier prophète d'Osiris, Unnofre.*

Le premier prophète était le grand prêtre, chef du temple; c'était la première dignité sacerdotale. Elle appartint à Abydos durant plusieurs générations, à la famille d'*Unnofre* sous la XIXe dynastie. Sur les inscriptions de cette statue sont mentionnés : 1o le père d'*Unnofre,* également premier prophète d'Osiris, nommé *Maï*; 2o sa sœur *Taiaf*, surnommée *Nofreari;* 3o sa mère *Maani*.

Unnofre a la peau de panthère comme tous les prêtres de son rang et un long bâton ou sceptre simple, signe du commandement, sur lequel sont gravés les cartouches de Ramsès II ; on les retrouve également sur les broderies de l'espèce d'écharpe qui retombe sur la robe, au milieu de la ceinture. Une longue inscription, gravée derrière la statue, est relative aux fonctions sacerdotales exercées à Abydos par ce personnage.

Cette statue imite la forme d'un pilier carré et semble avoir été destinée à servir de cariatide (XIXe dynastie).

67. — Statue en granit rose.

Haut. 1,15.

Un personnage agenouillé tient devant lui un naos dans lequel est une statue d'Osiris. Il se nommait *Iuiu*, fils d'*Unnofre* (1). Il fut, comme son père, premier prophète d'Osiris à Abydos; sa mère *Taia* était vouée au culte d'Osiris. La statue porte les cartouches de Ramsès II, gravés en plusieurs endroits (XIXe dynastie).

---

(1) C'est le fils du précédent.

68. — Groupe en granit rose.

Haut. 1,15.

L'homme est *Hora, basilicogrammate*, chargé du sceau (?) du roi sous *Merenptah*, fils de Ramsès II. La femme, *Nofreari*, était attachée au culte d'Ammon. Elle porte le sistre, insigne de sa charge.

Les monuments des particuliers sont souvent de ce style grossier et sans grâce à l'époque de Ramsès II et de ses successeurs (XIXe dynastie).

69. — Statuette en terre cuite.

Haut. 0,29.

Ce personnage accroupi était *grammate de la table* (sommelier); il se nommait *Ati*.

70. — Statuette en pierre calcaire.

Haut. 0,64.

Un personnage agenouillé tient devant lui un naos d'*Osiris*. Son nom est écrit avec un groupe [hiéroglyphes], qui sert de variante au nom du roi *Séti I*^er, et qui n'a pas encore été bien expliqué. Il porte les titres de *basilicogrammate, chef de la cavalerie du seigneur des deux mondes... messager royal dans toutes les régions, compagnon des jambes du roi*. Cette dernière appellation marquait un haut degré d'honneur; elle est souvent jointe à celle de *chef de cavalerie*, fonction remplie par des fils de rois sous la XIXe dynastie, à laquelle appartient cette statuette.

71. — Statuette en pierre calcaire.

Haut. 0,70.

Un homme accroupi, tenant entre ses jambes un naos où figure *Ptah-sokari*. Les cartouches du roi *Séti II* sont gravés sur ses épaules et déterminent son époque; son nom se lit *Aï-ari*. Ses titres sont tellement élevés, qu'ils ne conviendraient qu'à un prince héritier du trône, si les troubles profonds qui suivirent le règne de *Merenptah* ne nous permettaient pas de soupçonner ici l'usurpation d'un degré d'honneur illégitime. Outre les titres ordinaires du souverain pontife de Memphis, que notre personnage s'attribue comme droit héréditaire, il se qualifie, en outre, *héritier dans la demeure du dieu Seb* (l'Égypte) et *héritier supérieur des deux pays*. La fin de la légende est brisée, mais aucune parenté royale n'est alléguée, malgré ces titres éminents. Son costume est celui du *sam* de *Ptah*, chef du sacerdoce; la tresse pendante était un de ses insignes.

72. — Groupe en pierre calcaire.

Haut. 0,95, long. 0,64.

A droite, *Hora*, prêtre d'*Ammon Ra roi des dieux*, *directeur des panégyries d'Ammon et chef de pays*. Sa robe l'enveloppe jusque sous les bras.

A droite, *Pehonnuter* (?), *Sam et grand chef de l'œuvre de Ptah*. Il a le costume de sa dignité sacerdotale, la robe d'étoffe transparente rattachée par une ceinture brodée, le torse nu, le peau de panthère dont la tête est attachée sur l'épaule droite; la tresse pendante, signe de jeunesse, appartient également à son costume officiel.

Les chairs ont été peintes en jaune. Derrière le siége, ces deux personnages font chacun une invocation à *Ptah Sokar Osiris* et à d'autres dieux.

73. — Statuette naophore en granit noir.

Haut. 0,90.

Un personnage agenouillé. Il se nommait *Seisi*, il était *basilicogrammate, intendant des greniers*. Le style est celui de la XIXe dynastie.

Il tient devant lui un naos étroit et élevé dans lequel est un dieu debout, à tête de chacal. C'est le dieu *Ap-(matenou* (?) ou *guide des chemins célestes*. Derrière la statue, une invocation à ce dieu.

74. — Statuette en diorite.

Haut. 0,48.

Le personnage accroupi se nomme *Seisi;* il se qualifie *favorisé du roi et cher à son cœur; basilicogrammate, chargé des greniers.* Il tient en main un objet qui semble une feuille ou un épi, symbole fréquemment placé dans la main des égyptiens. Une invocation, adressée à Osiris et à Ammon, couvre les flancs de la statuette; elle semble représenter le même individu que le numéro précédent.

75. — Statuette en diorite.

Haut. 0.37.

Ce personnage, représenté debout et dans l'attitude de la momie, se nommait *Psar.* Il était *chef de pays* et prêtre dans le temple de *Neith;* sa mère était *la principale des attachées au culte d'Ammon;* elle s'appelait *Ramaï.* Son père, *Nebneterou,* était *Sam* dans le temple de Ptah, et possédait, en même temps, une charge dans le sacerdoce d'Ammon à Hermonthis. Toute cette famille était de Memphis et peut être rapportée à la XIXe ou à la XXe dynastie, où le nom de *Psar* a été porté par de grands personnages.

76. — Statuette en pierre calcaire; attitude de l'odiste.

Haut. 0,45.

Sarenan, fils de *Apap,* est représenté accroupi. Son titre signifie gardien de la maison des parfums. Il porte la peau de panthère, qui est attachée sur son épaule droite par une sorte de nœud; la tête de l'animal revient sur l'épaule gauche. La main droite est posée sur un arc. La fonction sacerdotale, indiquée par son costume, ne l'empêchait donc pas d'être un guerrier.

Cette statue appartient à la XVIIIe ou à la XIXe dynastie.

77. — Fragment de statuette en diorite.

Haut. 0,33.

Elle ne porte aucune légende.

78. — Statuette en diorite.

Haut. 0,45.

Un personnage accroupi, tenant devant lui un naos de Phtah.

Sur la base, une prière au dieu Phtah.

Cet Égyptien était basilicogrammate de l'armée.

79. — Statuette en grès.

Haut. 0,40.

Un personnage agenouillé, nommé *Nofre*, tient une stèle sur laquelle il adresse une adoration au soleil levant, à Ammon, roi des dieux, et à Osiris. Ses mains sont élevées en signe d'adoration ; il était *chef des travaux d'Ammon, intendant du magasin des vins du nord et du midi*. Sa chair était peinte en rouge et sa *sabou* en blanc. La figure est très-fine, et les légendes, un peu effacées maintenant, étaient bien tracées.

80. — Statuette en diorite.

Ce personnage, représenté assis, se nommait *Khatiuer*. On distingue dans ses titres : *le fonctionnaire de la grande demeure principale*... Il tient en mains le *senb*.

81. — Statuette en diorite.

Haut. 0,85.

Un personnage agenouillé, tenant devant lui une sorte d'autel sur lequel sont gravées les images d'*Ammon* et de la déesse *Ma*. Il se nommait *Mamaï*; il était prêtre de l'ordre appelé *père divin*.

82. — Statuette en granit noir.

Haut. 0,88.

Un personnage assis, les jambes croisées, dans l'attitude des hiérogrammates, tient un volume déroulé. Les légendes, de la gravure la plus grossière, n'ont pu être déchiffrées.

83. — Statuette en diorite.

Haut. 0,37.

Un personnage, dont la tête a été brisée, est à genoux, et tient devant lui une stèle, dont malheureusement l'inscription est presque effacée. Elle porte la date de l'an 1er du roi *Néko II*, le 11 du mois de *Phamenot*, qui correspond avec l'an 620 avant notre ère. On peut considérer cette date comme n'étant susceptible que de très-légères corrections.

Sur le haut de cette petite stèle, le roi Néko offre l'encens à la triade thébaïne. Derrière *Khons* est le dieu *Mont*: il est probablement introduit ici parce que le père du personnage était prêtre de ce dieu. Lui-même se nommait *Benatehhor;* il était prêtre d'Ammon dans le pays de *Uas*, c'est-à-dire le nôme de la Thébaïde. En effet, la région ainsi nommée apparaît derrière le roi *Néko* dans le petit tableau de la stèle, et c'est son emblème que *Néko* offre au dieu Ammon.

84. — Statuette en diorite.

H. 0,60.

Un personnage accroupi tient une feuille dans sa main; il se nommait *Harua.* On remarque sur ses épaules le cartouche de la princesse *Ameniritis.* Cette princesse, qualifiée la divine étoile et la divine épouse, paraît avoir eu une existence tout à fait royale vers la fin de la XXVe dynastie ou tout au commencement de la XXVIe. On lui déféra le gouvernement après le règne de *Schabak*, dont elle était la sœur : elle gouverna Thèbes, avec son mari qui s'appelait *Piankhi*, pendant un certain temps. Lorsque Psammetik I eut réuni toute l'Égypte sous son sceptre, le nouveau pharaon épousa *Schapenap*, fille de la reine Améniritis, pour absorber les droits que les Égyptiens attribuaient à ces princesses, comme héritières de l'antique sacerdoce d'Ammon. Voici les qualifications que prend *Harua:*

« Le chef héréditaire, le parent royal, possédant le cœur de « la régente, chef de ses deux régions ; bon gardien de la face « de la divine étoile, de la divine épouse; chef des secrets de la « divine main *Ameniritis* la justifiée; prophète dans son tem- « ple, chef de la maison des serviteurs, prophète d'Osiris *tata-*

« *ankh* ; celui qui entre en avant et sort le dernier ; celui à qui « la régente parle seul, chef des ordres de la divine étoile »

C'était évidemment le premier ministre de la reine pendant qu'elle exerçait son pouvoir à Thèbes.

85.— Statuette en diorite.

Haut. 0,45.

Ce personnage accroupi se nommait *Rua*, fils de la *dame Mereskhons*. Il prend d'abord la qualification d'*attaché à la main divine, la princesse Ameniritis la justifiée* (ou défunte), et de *suten rekh*. Il se nomme ensuite : *celui qui réside en présence de la divine épouse Schap-en-ap, vivante*. Cette seconde princesse, femme de Psamétik I, est la mère de *Nitocris*, qui fut, à son tour, épousée par *Psammétik II*. Il est à remarquer que les époux de ces princesses ne sont pas mentionnés ; c'est à leur personne que se réfèrent les honneurs.

86. — Statuette en granit noir.

Haut. 0,48.

On reconnaît facilement l'époque saïte à la grâce de ce joli morceau. Les légendes n'ont malheureusement pas été gravées. Le bloc tenu sur les genoux devait sans doute être un petit naos.

87.— Statuette en basalte.

Haut., 0,45.

Un personnage agenouillé soutient un naos d'Osiris.

Il se nommait *Saptah* ; c'était un *basilicogrammate* ayant une charge judiciaire à *Saïs*. On remarque sur le petit naos un épervier aux ailes étendues, tenant dans ses serres les plumes d'autruche et les anneaux, symboles de longues périodes d'années. Sa mère est nommée *Mere-t-pa*.

88. — Statue en granit noir de moyenne proportion.

Haut., 1,19.

Elle passe pour un des chefs-d'œuvre de l'art saïte. Les jambes et le torse sont du modelé fin et naturel qui appartient aux meilleures statues de la XXVIe dynastie. Les inscriptions qui décorent la face postérieure avaient été, à une époque ancienne, sciées pour être employées comme plaques à cause de la beauté de la matière. M. de Longpérier les a retrouvées, malheureusement un peu frustes, et les a fait remettre en places. Cette découverte précieuse nous apprend le nom et l'époque du personnage que représente ce beau morceau.

Il appartient aux derniers temps des dynasties saïtes et a été sculpté pour un guerrier nommé *Horus*, fils de la dame *Neferu-Sebek* et d'un commandant des forces militaires du nôme mendésien (*Tatu*) nommé *Psammétik*. Lui-même prend le titre de gouverneur d'Héracléopolis (*Khenensuten*). L'inscription, malheureusement un peu mutilée, nous donne sur cette ville quelques détails d'autant plus précieux qu'ils sont plus rares. Horus y adresse son hommage au dieu principal du nôme Héracléopolitain, « *Har-schefi*, roi des deux mondes, gouver- « neur des terres, dieu unique, qui n'a pas son second. » On peut remarquer, dans la prière, les phrases suivantes : « Je « marche dans tes eaux, mon cœur est rempli de toi ; la bonne « voie est celle de ton service, tu as fait mon cœur pour elle. » Horus expliquait ensuite les travaux exécutés par son ordre à Héracléopolis : « Il a élevé les murailles d'enceinte du nord et « du midi, en belle pierre blanche de *An* (Tourah). Le pylone « est en granit, revêtu d'or et la porte est dorée. J'ai séparé « l'*atur* du midi et l'*atur* du nord de ce temple, ainsi que le « sanctuaire de *Nahab-ka*. » Il parle encore d'autres travaux exécutés en l'honneur du dieu *Atum* et d'Osiris *Unnofre* à *Anretf*. Enfin, il se vante d'avoir présidé à une fête de la déesse (*Sekhet*) dans une panégyrie qui commençait au cinquième jour de *Pharmouti*.

89. — Groupe en granit noir.

Haut., 0,50.

Deux personnages debout.

Les inscriptions sont brisées dans la partie qui contenait les noms propres.

90. — Statue en granit noir.

Haut., 1,20.— Larg., 0,53.

Un personnage agenouillé porte une sorte de banc sur lequel repose une triade divine, actuellement défigurée par une restauration malheureuse. Cette triade se composait du dieu *Num* (ou Cnouphis) et des déesses *Sati* et *Anuke*. Ces divinités président à la cataracte par laquelle le Nil pénètre en Egypte. La belle inscription qui décore le pilier auquel ce personnage est adossé, nous apprend qu'il se nommait *Nesahor*, fils d'*Aufrer*, et portait pour surnom *Psammétik-Munkh* (ou Psammétik le bienfaisant). Parmi les qualifications pompeuses qu'il se donne, on remarque qu'il avait la dignité de *commandant des régions méridionales*, et qu'il se vante en cette qualité d'avoir châtié les coupables.

La seconde partie de l'inscription est une prière adressée à Cnouphis, *créateur*, *fabricateur des dieux et des hommes, seigneur des eaux ; à Sati et Anuke, dames* d'*Eléphantine. Nesahor tressaille de joie aux noms de ces divinités, et il adore leurs beautés*. Il rappelle les riches offrandes dont il a comblé leurs temples, et les embellissements qu'il y a fait exécuter au nom de sa majesté le roi *Uah-ab-ra* (Ouaphrès). *Nesahor* finit par s'adresser aux prêtres du lieu, en les engageant à répéter son hommage aux trois divinités,

Cette statue doit avoir été consacrée à Eléphantine ou dans quelque temple des environs, par notre personnage, comme souvenir de son administration.

Ce morceau, qui a perdu une partie de son caractère par un polissage moderne et par les restaurations, a été sculpté vers l'an 585 av. J.-C.

91.— Statue en granit gris, donnée par M. de la Turbie en 1822.

Haut., 1,03.

Un personnage accroupi, enveloppé jusqu'aux pieds d'une longue robe qui ne laisse passer que les mains.

Les légendes, tracées avec une grande largeur, nous apprennent que c'est l'image du *noble chef chargé des terres du midi*, *surintendant des demeures royales, le dévoué au culte de la déesse Neith, Uahabra.* Ce nom, identique avec celui du roi *Ouaphrès*, indique la XXVIe dynastie, vers l'an 580 avant J.-C.

92. — Statuette en granit gris veiné de rose.

Haut., 0,45.

Pétamon, fils de la dame *Munkhetisi*, est représenté accroupi. Devant lui est gravé son acte d'adoration adressé à *Amonra*, *Atum* et *Phré*.

Ce personnage était *basilicogrammate* et *prophète d'Hathor*. Il tient de la main gauche une feuille ou un épi.

93. — Statue naophore en granit gris.

Haut., 1,69.

Un personnage debout, revêtu de la longue robe, tient entre ses mains un petit naos élevé sur un support qui ressemble à un poteau.

Son nom paraît devoir être transcrit *Pefaanet*. Il porte les titres de chef du double trésor (?), chef de la grande demeure (le palais), fils du prophète *Sebekse*. La grande inscription, qui couvre la partie postérieure et le flanc gauche du poteau auquel la statue est adossée, parle des travaux exécutés sous la direction de ce fonctionnaire pour la distribution des eaux dans le district d'Abydos, et de grands embellissements faits par ordre du roi au temple d'Abydos. Elle fait connaître uu don de mille mesures (schœnes ?) de terre cultivée et de grandes et riches offrandes.

On remarquera particulièrement la mention d'un jardin avec des vignerons pour le cultiver, pris parmi les captifs ramenés des contrées étrangères. Cette vigne produisait trente *hin* de vin par jour pour le service de l'autel d'Osiris. *Pefaanet* se vante ensuite « d'avoir réparé la demeure des hiérogrammates (*pa ankh*) qui était tombée en ruines ; il a remis en vigueur tous les droits d'Osiris. Il a fait fabriquer en cèdre la barque sacrée qu'il avait trouvée en bois d'acacia (*schenta*)..... Ses bienfaits l'ont fait chérir des gens d'Abydos....... » Le cartouche d'Amasis, qu'on peut reconnaître dans les phrases très-peu lisibles qui terminent l'inscription, montre que cette statue appartient à la XXVIe dynastie (VIe siècle av. J. C.)

94.— Statue en grès statuaire.

Haut., 1,48.— Long., 0,70.

Un personnage agenouillé. Son nom se lit *Nekht-har-heb*, c'est le même que celui du roi que Manéthon nomme Nectanèbe I et dont le règne à produit de très-beaux monuments. La renaissance de la puissance nationale, sous la dynastie Sebennytique, paraît avoir été très-favorable aux arts. Ce morceau montre un très-bel échantillon de la sculpture égyptienne, de ces derniers temps. On y retrouve même l'imitation de quelques traditions de l'école memphitique. Notre *Nekht-har-heb* fut un très-grand personnage : outre le titre de *Khenmes*, qui semble indiquer une parenté avec le roi, il était qualifié « chef héréditaire, chef des palais, chef des secrets du nord et « du midi, *heb* supérieur de Sa Majesté, le chef de toutes les « dignités sacrées, le chef de l'armée, le chef des paroles mys- « tiques (*hek-tu*) dans le collége des hiérogrammates.» En sorte qu'il paraît réunir les dignités les plus hautes et les plus variées, et nous ne serions pas surpris quand il s'agirait du roi Nectanèbe I lui-même, avant qu'il eût saisi la couronne. Le nom de sa mère est *Tasnekht*; il rappelle celui de *Tafnekhta*, souche de la Ire dynastie saïte.

95. — Statuette en basalte vert.

Haut., 1,51.

Un personnage agenouillé soutient une image d'Osiris. Cette charmante statuette a été malheureusement restaurée comme celle d'un roi, avec un uræus en tête. Elle représente un prêtre nommé *Hemnefhorbek*. La base et le dos sont ornés d'hiéroglyphes d'une grande finesse, qui contiennent des prières à Neith et à Osiris. Style saïte.

96. — Fragment d'une statuette en diorite.

Haut., 0,11.

Un personnage agenouillé nommé *Pourem*, prophète d'Horus.

Cette statuette est défigurée par un poli moderne et une mauvaise restauration.

97. — Statuette en diorite.

Haut., 0,52. — Larg., 0,18.

Les légendes de ce personnage agenouillé sont presque impossibles à lire. Il tenait un petit naos d'Osiris; sa coiffure est celle de l'époque saïte. Le nom n'est plus reconnaissable; on distingue encore parmi les charges, celles de « commandant, de « de chef des secrets du roi dans toutes ses résidences et de « prophète de la déesse *Sefekh*.

98. — Statuette en pierre calcaire.

Haut. 0,38.

Un homme accroupi. La figure est très-fine, mais les légendes sont détestables et presque illisibles.

99. — Statuette en basalte.

Haut. 0.47.

Un personnage accroupi qui ne porte aucune légende.

100. — Fragment d'une statuette en diorite.

Haut., 0,34.

Elle représentait un *basilicogrammate*, *chef de maison* nommé *T'ata*.

SUPPLÉMENT.

101. — Statuette en pierre calcaire.

Haut. 0,36.

Les légendes qui accompagnent ce personnage accroupi sont presque illisibles. Son style indique une époque très-ancienne.

102. — Groupe en pierre calcaire, entièrement peint.

Haut., 0,67. — Larg., 0,25.

Un homme jeune et imberbe est assis, il tient une bandelette. La couleur est d'un rouge vif; à gauche, en avant de son siége, une femme de petite proportion et peinte en jaune entoure d'un de ses bras la jambe du principal personnage. Une légende gravée sur le socle nous apprend que c'est « son épouse, la parente « royale, *Ata* » (1). A droite, un petit garçon nu et peint en brun clair est dans la même attitude; son cou est orné d'une amulette. C'est le fils du personnage principal, il se nommait *Knem* (2), et sa légende l'indique comme présidant aux travaux agricoles. Quant au père, la légende gravée sur l'épaisseur du socle le nomme *Skhem-ka* et le qualifie de « dévoué au grand dieu et chef des écritures des champs. »

Ce beau groupe, de la fin de la ve dynastie, provient des fouilles de M. Mariette, à Sakkarah.

103. — Statuette en pierre calcaire.

Haut., 53. — Larg., 0,20.

Cette figure et les trois numéros suivants proviennent du même tombeau que le précédent : celle-ci était peinte avec soin. *Sekhem-ka* est debout dans l'attitude de la marche. Les jambes, traitées avec plus de hardiesse que ne le comporte ordinairement le travail égyptien dans la pierre calcaire, sont ici très-remarquable par la justesse des muscles et la finesse du modelé des genoux ; leur galbe est plein d'élégance. La légende, tracée en blanc sur le fond noir du socle, répète son nom et ses titres.

(Fouilles de M. Mariette.)

---

(1) Cette dame est peut-être la fille du *Suten rekh Ata* de la ve dynastie. V. Denkmaeler, II, 58.

(2) Le fils nommé *Knem*, peut être le même personnage que le parent royal *Knem* qui fut enseveli à *Zauïet el Meytin* sous la vi^e dynastie. (Voir Lepsius, Denkmæler, II, 110). Il peut avoir hérité de titre de sa mère.

104. — Statuette en granit rose, peinte en partie.

Haut., 0,55.

Sekhemka est représenté assis, tenant la bandelette dans sa main droite. Ses cheveux, ses yeux, ses vêtements sont rebaussés de peinture; une petite moustache est également indiquée en noir. Il porte au cou une amulette et la ceinture paraît couverte de broderies. La légende contient le nom de *Sekhemka*, l'indication de sa charge et la mention que le monument a été fait par un de ses fils, nommé *Manefer* (1), qui occupa le même emploi.

(Fouilles de M. Mariette.)

105. — Statuette en diorite.

Haut., 0,48. — Larg., 0,14.

Le même personnage assis; la légende répète son nom et son titre.

L'exécution est très-inférieure à celle du numéro précédent.

106. — Statuette en pierre calcaire.

Haut., 0,78. — Larg., 0,30.

Un homme assis sur un siége à dossier élevé; ses chairs sont peintes en rouge avec le plus grand soin. Les yeux sont incrustés en quartz blanc et cristal de roche, dans des paupières en bronze. La légende explique le luxe de cette fabrication; la figure représente un parent royal nommé *Hamset*, fils de *Kaa* (2).

(Fouilles de M. Mariette.)

---

(1) Un personnage de ce nom est représenté au Musée du Boulaq par une statuette en granit. (Voir le catalogue du Musée du Boulaq, n° 595.) Un autre fut un des fonctionnaires du roi Assa. (Voir Denkmæler, II, 39.) Tous ces renseignements placent *Sekhem-ka* vers la fin de la ve dynastie.

(2) Deux personnages de ce nom ont leur tombeau à Sakkarah; l'un d'eux fut chef des travaux du roi sous la ve dynastie.

107. — Statuette en pierre calcaire.

Haut., 0,88. — Larg., 0,28.

Un personnage assis et représenté très-gras, ce qui était un signe de richesse et aussi symbole de la science acquise par l'homme d'un âge mûr. Sa chevelure est bouclée et courte; son cou porte un large collier.

Cette figure est finement traitée dans le style de la ve dynastie.

Les légendes nous donnent le nom de *Pahu-er-nefer*; on peut interpréter ce nom par « celui qui parvient à la perfec- « tion. » Parmi ses qualifications, on distingue celles de « pa- « rent royal et chef de la maison des grains et des bestiaux. »

(Fouilles de M. Mariette.)

108. — Statuette en pierre calcaire.

Haut., 0,48. — Larg. 0,14.

Un homme assis tenant la bandelette dans sa main droite; les cheveux, coupés carrément, descendent jusqu'au niveau du cou.

Les légendes montrent que cette figure appartient à un personnage nommé *Ptah-ases*, qui prend ici les titres de « chef des « travaux du roi » et de « grand chef de l'œuvre, » ce qui constituait le titre officiel de premier pontife de Memphis.

Un personnage de ce nom joua un très-grand rôle à la fin de la ive dynastie, sous les règnes de *Menkaura* et d'*Userkaf*. (Voir notre mémoire sur les six premières dynasties, page 66 et suivantes, et le catalogue du Musée de Boulaq, n°s 500 et 887-871.)

109. — Statuette en pierre calcaire.

Haut., 0,50. — Larg., 0,15.

Une femme assise, les mains allongées sur les genoux.

Style ancien.

(Fouilles de M. Mariette.)

110. — Statuette en pierre calcaire.

Haut., 0,65. — Larg., 0,33.

Personnage accroupi, les bras croisés sur les genoux : devant lui est un cynocéphale représentant le dieu Thoth-Lunus assis dans un naos sur un siége en forme de pylône.

Les inscriptions font reconnaître que le monument appartient à un individu nommé *Khai*, qualifié « scribe, directeur des « soldats. » Sur la base, il adresse sa prière à Thoth « pour « qu'il lui accorde une vie heureuse en contemplant ses splen- « deurs, » et, de l'autre côté, il lui demande « de pouvoir « entrer et sortir librement dans la région des morts. » Il donne à ce dieu le titre « d'appréciateur des paroles. » Dans les inscriptions gravées sur la droite et sur la gauche, la prière est adressée à Osiris infernal ; il en est de même de celle qui est gravée sur le dossier et qui contient des formules funéraires. XIXe dynastie.

111. — Statuette en basalte vert.

Un personnage debout (la tête et les pieds sont modernes). La légende gravée sur le côté nous apprend qu'elle appartenait à *Ut'a-hor* qui se qualifie le dévoué à *Beset*, dame de Bubastis. Il prend le titre de chef du palais à Héliopolis. Style saïtique.

112. — Statuette en pierre calcaire.

Haut. 0,57. — Larg. 0,25.

Un personnage accroupi, que sa légende qualifie : « l'aimé du roi *Uab-tot*.

113. — Statuette en pierre calcaire.

Haut. 0,33. — Larg. 0,17.

Personnage sans légende ; il est accroupi dans l'attitude des odistes.

114. — Fragment de statue en basalte noir.

Haut. 0,47. — Larg. 0,33.

Tête d'une déesse ou d'une princesse, coiffée d'un vautour, symbole de la maternité divine, les yeux et les sourcils étaient incrustés. Elle provient d'une statue d'Isis ou de quelque reine portant les attributs de mère divine. Style des derniers temps de l'art égyptien.

115. — Groupe en diorite.

Haut., 0,29.

Un serpent est enroulé autour du corps d'un enfant, dont on n'aperçoit plus que les mains et les pieds.

Ce morceau, dont le sujet n'est pas encore expliqué, provient de la collection de Clot-bey.

116. — Groupe en grès rougeâtre.

Haut. 0,46. — Larg. 0,28.

Un personnage nommé *Iuiu*, et qualifié gardien du trésor, est assis à côté de sa mère, la dame *Taï*; une sœur, nommée *Takhat*, et une autre dame, nommée *Raa*, ont leur figure et leur légende gravée auprès des principaux personnages. Une belle inscription, gravée sur le dossier, contient l'invocation adressée par *Iuiu* aux hommes qui vivront après lui : « O vous! qui vivrez sur la terre et qui viendrez après moi, « pendant des milliers d'années, puissiez-vous être favorisés « des dieux de votre pays, passer votre vie dans le bonheur et « reposer en paix dans vos tombeaux; » il les engage pour cela à répéter la prière funéraire adressée au dieu *Ptah*, de Memphis; il leur atteste la sainteté de sa vie dans les termes ordinaires.

Ce groupe est dans le style de la fin de la XVIIIe dynastie.

117. — Groupe en pierre calcaire.

Haut. 0,43.

Deux personnages sont assis et un petit enfant est debout entre eux.

L'homme est qualifié « troisième prophète d'Amon, *heb* supérieur et hiérogrammate. » Il se nommait *Petamen-neb-nesa-taui*, nom que les antigraphes grecs abrégent en *Petemnestheus*. Sa mère est « l'assistante d'Amon-ra *Tatmautasankh*.

Dans l'inscription gravée derrière le siége, il s'adresse à « ceux « qui regarderont ces figures et qui liront ces écritures qui « rappelleront nos mœurs à la mémoire, etc. » Il les engage à adresser leur prière à *Amon-ra*, à *Harmakhu*, au dieu *Tahut* et à la déesse *Sefekh*, chef de la demeure des livres.

Diverses personnes de sa famille sont nommées dans les légendes qui les entourent; la dame qui est assise auprès de lui est son épouse *Taschep-en-Maut*; elle est spondiste d'Ammon. Style saïtique.

118. — Statuette en basalte noir.

Haut. 0,37.

Un homme agenouillé tient entre ses bras une tête d'*Hathor*, surmontée d'un petit naos, lequel renferme une tête de vache, coiffée du disque.

Le personnage se nommait *Tahut-nefer*. Il se qualifie chef de la maison d'une divine épouse (princesse), qui malheureusement n'est pas nommée. Il adresse sa prière à la déesse *Hathor*, dame de la ville *Mat'at* (Oxyrinchus). Style saïtique.

119. — Fragment de statuette en granit noir.

Haut. 0,16.

Sur le devant étaient figurés *Amon* et la déesse *Sekhet*. Au dos, traces d'un proscynème.

B.

BAS-RELIEFS.

Les bas-reliefs ont été, comme les statues, rangés par ordre chronologique. Ils étaient trop peu nombreux dans ces salles pour établir des divisions. La marche de l'art y suit très-exactement celle qu'on remarque dans la sculpture de ronde-bosse; elle tend néanmoins à dégénérer plus rapidement vers la XIXe dynastie. Les bas-reliefs saïtes participent aux formes légères et gracieuses des statues de cette époque. Ceux des Ptolémées sont en général d'une rondeur de formes très-exagérée; il en est néanmoins qui ont conservé beaucoup de finesse.

1, 2. — Deux fragments d'un bas-relief en pierre calcaire.

No 1. Haut. 1,84. — Larg. 0,75. No 2, Haut. 1,12. — Larg. 0,70.

Ce bas-relief ne porte pas de cartouche qui puisse indiquer précisément son époque; mais il appartient à l'ancien empire et sans doute à la première période. Le personnage représenté se nommait *Tahut-aa*. Il est dessiné avec une grande simplicité, mais avec des lignes très-pures : sa longue robe est attachée sur la poitrine; sa coiffure à petits carrés est encore un signe d'antiquité. Il tient d'une main le grand bâton des chefs, et de l'autre le sceptre nommé *pat*. Ses pieds sont longs et cambrés.

Ce personnage avait une grande série de titres, parmi lesquels on remarque ceux *d'intendant des constructions du roi et membre du royal conseil des dix.* (?).

3. — Fragment de bas-relief en pierre calcaire.

Haut. 1,07. — Larg. 1,05.

C'est un très-beau spécimen de l'art de la XIIIe dynastie. Le roi *Sébekhotep* IV, coiffé très-simplement, mais l'uræus royal sur le front, est représenté dans une attitude tranquille. Les bras pendent avec une certaine raideur, et, faute de perspective, les épaules paraissent d'une largeur démesurée. La jambe et le modelé du ventre sont remarquables de finesse. Les pieds sont extrêmement longs et leur cambrure marquée avec soin. L'oreille est de moyenne grandeur et peu élevée, comparativement à d'autres monuments. Le vautour de *Nekheb* plane sur le roi. Devant lui est le dieu *Ap-mâtenu*, à tête de chacal, qui tient le sceptre, emblème de la vie heureuse (connu sous le nom très-douteux de sceptre à tête de *Coucoupha*). Il tend au roi le signe de la vie en lui disant : *Nous accordons une vie paisible à tes narines, ô dieu bon!* Une boucle symbolique attache la ceinture du dieu.

Dans la seconde scène à droite, le profil du roi est bien mieux conservé; il avait le nez droit et très-fin. L'attitude est la même.

4, 5. — Deux fragments de bas-reliefs en pierre calcaire.

Haut. 0,85. — Larg. 0,80.

Ces fragments proviennent évidemment du même monument que le précédent, et ils ont dû faire partie d'une même décoration. Les proportions sont les mêmes et la netteté du dessin toute semblable.

Dans le nº 4, le personnage est en présence de *Ptah Sokar Osiris*. Quoique la légende soit brisée, un détail du costume suffit pour nous indiquer le roi. L'écharpe qui retombe devant lui est brodée avec deux uræus relevant la tête à chaque bout de la frange qui la termine. Elle est complétement identique avec celle qu'on voit dans le numéro précédent.

N° 5. Le même roi est en présence du dieu Horus, générateur. Le dieu est orné d'un large collier à trois étages; le roi a également ici la *schenti* brodée aux uræus. L'inscription dit qu'il offre de l'encens à la divinité qu'il vient visiter.

6. — Fragment en pierre calcaire.

Haut. 0,57. — Larg. 0,63.

La légende qui accompagnait ce beau bas-relief est brisée; elle n'a conservé que le nom du personnage, *Amenmes*. Sa tête est d'un rouge vif, il porte la coiffure à petits tuyaux, il est vêtu de la longue robe d'étoffe transparente et son cou est orné du collier à double rangée. Derrière lui est une jeune fille coiffée du cône funéraire et d'un lotus avec son bouton. Elle a de grands anneaux d'oreilles et un collier à triple rangée. Ce beau fragment doit être de la XVIIIe dynastie.

7. — Bas-relief en pierre calcaire, entièrement peint.

Haut. 2,27. — Larg. 1,05.

Ce bas-relief peint provient du tombeau de *Séti Ier*, chef de la XIXe dynastie. Le nom de ce roi a été longtemps douteux. Il s'écrit ordinairement avec la figure du dieu *Set*, dont le symbole favori est un quadrupède fabuleux au museau busqué et dont les oreilles imitent la forme de deux aigrettes droites et carrées. Or ce dieu a plusieurs noms différents. La vraie lecture du nom royal, *Séti*, est due à M. Lenormant. Manethon nomme ce roi Séthos, et le fait chef de la XIXe dynastie. La stèle de son père, Ramsès Ier, montre qu'il trouva le royaume soumis et les Lybiens vaincus (1). Aussi son règne dé-

(1) Voyez cette stèle, C. 57.

buta par de grandes guerres d'invasion dont les tableaux sont sculptés à Karnak sur la muraille extérieure de la salle hypostyle. Il étendit ses conquêtes jusqu'au centre de l'Asie. Séti revint en triomphe la 9e année de son règne; 48 nations du nord et du midi figurent parmi ses ennemis vaincus. Ses plus redoutables adversaires paraissent avoir été les *Khetas* (les princes de *Khet* de la Bible). L'art égyptien conserva sous son règne une perfection presque égale à celle de la XVIIIe dynastie. Le temple de *Pakht* à *Spéos Artémidos*, le monument de Gournah, spécialement consacré à sa mémoire, et par-dessus tout, la prodigieuse salle hypostyle de Karnak, immortaliseront le nom de *Séti Ier*. Son tombeau dans la vallée des rois, découvert par Belzoni, est la plus belle de toutes les *Syringes*. Ce fragment peut donner une idée de la perfection des bas-reliefs peints qui couvrent les parois.

Le souverain a cette tournure svelte qui appartient aux types égyptiens de la XIXe dynastie. Son profil est d'une rare beauté; ce bas-relief semble le représenter dans sa jeunesse. Ses pieds sont chaussés de la sandale à la pointe relevée. L'espèce d'écharpe qui retombe sur le devant et ferme sa *schenti* est couverte de broderies, et la frange est ornée de deux uræus. Un autre uræus forme la coiffure du roi; il porte des bracelets et un collier à quatre anneaux.

Sa main droite serre celle de la déesse Hathor, et la main gauche reçoit le collier qu'elle lui tend. Le cartouche du roi est écrit ici et partout dans son tombeau avec l'image d'un dieu à tête humaine substituée à celle de *Set*. Ce dieu, l'ennemi d'Osiris, ne devait pas apparemment montrer son image dans le domaine du roi des morts.

La déesse Hathor porte ici les titres de *supérieure de l'Égypte régente de l'Occident*. Un disque solaire entre deux longues cornes de vache surmonte sa tête. Une vipère, imitée avec une grande vérité, redresse sa tête sur le front de la déesse. Sa coiffure est d'une richesse curieuse, et son énorme collier est tenu en équilibre par un contrepoids proportionné qui pend derrière ses épaules. La partie la plus singulière de son costume est une robe dont les ornements symboliques composent une légende. Elle court de haut en bas dans les losanges qui s'entre-croisent; c'est un discours de la déesse. En voici la traduction : *Dieu bon*, *soleil établissant la justice* (1), *nous t'accordons de nombreuses périodes d'années d'une vie sereine comme le soleil à toujours. Fils du soleil, l'aimé des dieux, Séti, l'aimé de Ptah vivant à jamais! Dieu bon, seigneur des deux mondes, soleil établissant la justice, nous te donnons des milliers d'années, des myriades de panégyries; fils du soleil qui l'aime, seigneur des diadèmes, Séti, l'aimé de Ptah, éternel comme le soleil; dieu bon, seigneur des deux mondes; qui aime Hathor, l'habitante de la Thébaïde, à toujours.*

L'avénement au trône du roi *Séti Ier* peut être placé vers la fin du XVe siècle avant notre ère.

8. — Fragment de bas-relief en pierre calcaire. Les personnages ont été peints et les hiéroglyphes rehaussés de bleu.

Haut. 0,83. — Larg. 0,70.

Une jeune femme se retourne vers un personnage aux pieds duquel elle est accroupie. Ceci faisait partie d'une scène funèbre. Elle est vêtue de la robe transparente et parée d'un grand collier; elle tient des fleurs de lotus et un bouton. Sa coiffure est très-longue et à tuyaux étroits. Sur sa tête on remarque le cône funèbre et le lotus. C'était une des dames attachées au culte de *la dame du Sycomore*. Elle s'appelait *Takha,* fille de la dame *Uernaro*. Style de la XVIIIe ou de la XIXe dynastie.

9. — Fragment en granit rose.

Haut. 1,50. — Larg. 0,67.

C'était une grande stèle cintrée par le haut. Le sommet est occupé par le disque ailé d'où pendent les deux *uræus* de la Haute et de la Basse-Égypte, avec leurs couronnes symboliques. Au-

(1) Ou, *stable en vérité*. Le double sens du mot égyptien, *ma*, *justice* et *vérité*, donne souvent lieu à une amphibologie qui était peut-être dans l'intention des hiérogrammates. C'était le nom d'intronisation de *Séti Ier*.

près est le nom du dieu *Hat, dieu grand, seigneur du ciel.* Les restes de l'inscription indiquent qu'un roi y faisait la dédicace d'un monument. La gravure est de toute beauté. Elle ressemble à celle des obélisques de la XVIIIe dynastie.

10. — Fragment de bas-reliefs en pierre calcaire.

Haut. 1,00. — Larg. 1,35.

Au sommet, une corniche décorée alternativement des cartouches de Ramsès II et de trois fers de lance, symbole d'embellissement; plus bas, le vautour de *Nekheb* planait sur la tête du roi; à côté, le reste de la légende explicative du tableau voisin qui est brisé.

11, 12, 13 et 14.

N° 11, Haut. 0,58, larg. 1,00; n° 12, haut. 0,57, larg. 1,07; n° 13, haut. 0,46, larg, 0,92; n° 14, haut. 0,62, larg. 1,09.

Ces quatre fragments appartiennent à une composition où Ramsès II faisait des offrandes à divers dieux.

11. Ammon, la chair peinte en bleu et enveloppé d'une étoffe jaune, après lui, une déesse (Hathor?), le disque solaire sur la tête, tend un collier qu'elle veut donner au roi.

12. On reconnaît la figure de Ramsès; son uræus et son bandeau étaient jaunes (couleur d'or), ses bracelets et son collier verts (couleur d'émail); il reçoit la vie du dieu Horus, dans le bout du fragment, le bras d'un dieu Ptah qui tenait ses emblèmes.

13. Ramsès coiffé d'un casque royal; à côté l'épaule d'une déesse, la chair peinte en jaune.

14. Ramsès la tête couverte du casque; il reçoit la vie d'une déesse (Mout) coiffée avec le vautour, symbole de la maternité divine.

15. 16. — Fragments de granit gris largement veiné de rose.

N° 15, haut. 0,44; n° 16, haut. 1,20,

Ces fragments semblent appartenir à une porte; leur profonde gravure pénètre dans le granit avec une puissance particulière aux monuments de Ramsès II. Celui-ci était dédié au grand dieu de Thèbes, Ammon générateur.

N° 15. Tête du dieu avec le nom : *Ammon-ra, seigneur du ciel.* Sur le côté, le haut de la bannière royale.

N° 16. On voit encore la tête du roi ; il offrait deux palmes au dieu qui est entier, sauf les plumes de sa coiffure ; sur l'autre face, la bannière du roi.

— Fragment en diorite.

Haut. 1,95. — Larg. 1,40.

On aperçoit d'abord le bras et la jambe d'un dieu ; le personnage qui lui offre le vin était un roi, car sa *schenti* est ornée d'uræus royaux ; il est de plus désigné par le titre *vivificateur.* Dans l'étage inférieur on aperçoit la déesse *Sefekh, dame des écritures*, la déesse des bibliothèques ; elle accorde au roi des milliers d'années. Ce roi était Ramsès II, car la déesse elle-même n'a pu échapper à la manie du temps, et on lui a donné les traits du grand monarque, ce que les artistes faisaient pour la plupart des dieux sculptés par les ordres de ce roi.

18, 19. — Bas-relief en pierre calcaire.

N° 18, haut. 1,05, larg. 1,00 ; n° 19 haut. 1,07, larg. 1,50.

N° 18. Le roi Ramsès II faisant un acte d'adoration à un dieu en sphinx, qui est appelé : *Har-m-akhu*, l'Horus dans la montagne solaire, c'est-à-dire le soleil levant. Le roi lui présente l'encensoir allumé ; suivant l'inscription il présentait *la libation et l'encens.* Sur la tête du roi, le disque avec deux uræus : c'est le dieu *Hat* qui lui donne la vie. Derrière le roi, sa bannière est portée sur le bâton symbolique qui a deux bras, dont l'un tient la plume, signe de justice, et l'autre le sceptre, symbole de la paix ; le bâton repose sur l'anneau, qui indique le temps indéfiniment renouvelé.

N° 19, représente la même scène. On reconnaît parfaitement le profil du roi dans les traits du sphinx divin ; devant le roi, sa légende avec ces mots : *le dieu bon qui a pris la couronne blan-*

che (celle de la Haute-Égypte). Il est à présumer que ces deux monuments étaient autrefois placés devant le grand sphinx de Gizeh, auprès de la stèle de Toutmès IV; en effet, *Har-m-akhu* est le nom égyptien de ce sphinx : les Grecs l'ont transcrit par *Armachis*.

20. — Fragment de bas-relief en pierre calcaire.

1er frag., haut. 0,67, larg. 1,06; 2e frag., haut. 0,54, larg. 1,93.

Ce fragment commence à gauche par la bannière de Ramsès II. Ce roi est ensuite représenté offrant une fleur à la déesse Isis, que sa légende qualifie : *dame du ciel, régente de la terre.* Plus loin Ramsès offre deux vases à Horus, vengeur de son père, qui lui accorde des *périodes d'années aussi nombreuses que les étoiles du ciel.* La scène d'Isis se répète à l'autre bout du fragment.

21. — Fragment en pierre calcaire.

Deux enseignes appartenant à Ramsès II. Les devises inscrites sur ces espèces de bannières sont : 1° *Le puissant, aimant la justice;* 2° *le puissant, seigneur des années.*

22, 23, 24, 25, 26, 27, 28. — Bas-reliefs en grès.

Ces fragments proviennent des ruines d'un temple à l'est de Karnak et faisaient partie d'une même décoration exécutée sous le règne de Ramsès II.

Le n° 22 contient la tête du dieu *Ammon.* Derrière le dieu est la légende du roi ; l'inscription qui suit est la formule ordinaire : *Une vie sereine et complète est avec lui à toujours.*

Sur le n° 23 est également une tête d'Ammon avec un fragment d'inscription.

N° 24. Le roi, le *sekhent* en tête, reçoit l'accolade du dieu *Ammon.* Le dieu a, d'une manière très-sensible, le profil de Ramsès, flatterie officielle que l'on remarque très-souvent.

Haut. 0,33. — Larg. 0.79.

N° 25. Une partie de la tête d'Ammon.

N° 26. La tête, bien reconnaissable de *Ramsès II* coiffé du sekhent.

N° 27. Ramsès II coiffé de la couronne de la Basse-Égypte; derrière le roi, un bâton symbolique surmonté d'une tête aux insignes du dieu *Ptah totunen.* Plus loin, l'enseigne favorite du roi : *Le soleil puissant aimant la vérité.*

Haut. 0,57. — Larg. 0,78.

N° 28. Fragment d'une des légendes explicatives des tableaux.

30. — Fragment de bas-relief en pierre calcaire.

Haut. 0,40. — Larg. 1,05.

Ce joli morceau faisait partie d'une scène funéraire. Une parente du défunt, accroupie, porte la main à sa tête dans l'attitude de la douleur. Un prêtre, debout, lit l'hymne funèbre sur un papyrus déroulé. Derrière lui, trois personnes poussent des exclamations ou répètent les refrains. A droite, dans un second compartiment, la barque du défunt traverse des eaux où l'on voit des poissons, des plantes et des oiseaux d'eau. Le défunt est debout, dans une espèce de case, au milieu de sa barque; derrière lui, le pilote tient le double gouvernail (XVIIIe ou XIXe dynastie).

31. — Fragment d'un bas-relief en pierre calcaire.

Un personnage est assis devant une table chargée des offrandes ordinaires. Les légendes n'ont point été sculptées.

Le style indique la XIXe ou la XXe dynastie.

32. — Fragment en pierre calcaire.

Groupe d'offrandes, consistant principalement en parties choisies des victimes : cuisses, gigot, côtes, tête de veau, etc. Auprès du bord, fragment d'une légende royale.

33. — Bas-relief en grès.

Légende royale de *Nectanébo* IIe, troisième roi de la XXXe dynastie, et le dernier Pharaon de race égyptienne.

34. — Bas-relief en grès.

Haut. 0,60. — Larg. 0,62.

Le roi Ptolémée (Evergète Ier?) coiffé du diadème de la Basse-Égypte, présente des vases à la déesse *Uat'i*, une des formes de la déesse-mère, dans la Basse-Égypte. Les légendes indiquent que le roi fait à la déesse l'offrande des prémices de l'inondation, dans des vases d'or et d'argent. La déesse lui répond : *Nous t'accordons une grande inondation*, *conformément à tes désirs.*

35. — Bas-relief en grès.

Haut. 0,77. — Larg. 0,64.

Ammon-ra et la déesse *Ma* reçoivent les hommages de Ptolémée, *fils des dieux Épiphanes.* Un bas-relief du Musée de Berlin porte les cartouches des deux fils d'Épiphane pendant leur règne simultané. Celui-ci appartient à Ptolémée-Évergète II.

36. — Bas-relief en grès.

Haut. 0,85.

Le dieu *Ammon-ra, roi des dieux,* assis sur un trône, accorde de nombreuses années au roi Ptolémée. Celui-ci porte dans son prénom royal le titre de *fils des dieux Épiphanes;* il est coiffé du diadème *Atef;* ce bas-relief appartient également à Évergète II.

Il offre au dieu Ammon l'image de la déesse *Ma*, ou Justice.

37, 38, 39. — Bas-reliefs en grès.

Haut. 0,50. — Larg. 0,64.

Ces trois morceaux faisaient partie du même monument, et ils ont été dédiés par le même roi. Le n° 37 représente *Ammon-ra, roi des dieux*, accroupi; devant lui, un des Ptolémées, sous la forme d'un sphinx, lui fait un offrande du vase consacré aux résines et parfums. Le sphinx royal est coiffé du diadème *Skhent*, derrière lui plane le disque ailé que la légende nomme *Hat, roi du ciel.*

Dans le n° 38, le même roi adresse ses hommages à la déesse *Maut* et au dieu *Khons*, qui complètent la triade d'Ammon.

Le n° 39 montre le même roi devant la déesse *Hathor* ; auprès de cette déesse est le dieu *Harsemto*, enfant; c'est-à-dire une des formes du soleil, qui était censé dans l'enfance pendant les premières heures du jour.

Haut. 0,53. — Larg. 0,64.

L'attribution précise des cartouches royaux de ces bas-reliefs présente quelques difficultés : on les a jusqu'ici donnés à Ptolémée Philométor, parce que ces mêmes cartouches sont accompagnés à *Ombos* d'une inscription grecque où les souverains sont qualifiés *Philométors.* Mais il est à remarquer que l'inscription égyptienne, que l'on a crue correspondante, qualifie les souverains *Philopators* et *Philadelphe.* De plus, le cartouche bien authentique de Philométor commence par la généalogie : *fils des dieux Épiphanes ;* celui-ci, au contraire, nomme le Ptolémée : *fils du dieu Soter* (ou sauveur, au singulier). Le cartouche de Philadelphe, fils de Soter Ier, étant tout différent, celui-ci ne peut convenir qu'au fils de Soter II ou *Ptolémée-Aulète.* On sait en effet, par un prococole grec de ce prince, que ses qualifications officielles étaient, comme dans l'inscription égyptienne d'Ombos : *dieu Philopator et Philadelphe* (1). Aulète était bâtard, c'est pourquoi il se dit : *fils du dieu sauveur*, au singulier; sa mère n'était pas déifiée. Ce même roi est souvent désigné par le nom de *jeune Dionysos*, et en égyptien, *jeune Osiris.* Quoique ce surnom entre dans un cartouche du roi, gravé sous le règne de Cléopâtre et Cæsarion; il est probable qu'il constituait spécialement la devise de

(1) Voy. Letronne, *Inscriptions grecques de l'Égypte*, p. 67. Ces remarques appartiennent à la première édition, l'attribution de ces cartouches à Ptolémée-Aulète ne fait aujourd'hui plus question dans la science.

son étendard royal ; on sait que ces devises étaient employées comme de véritables noms royaux.

40. — Bas-relief en grès.

Haut. 0,55. — Larg. 0,55.

Un Ptolémée, et la reine, son épouse, dont la légende n'existe plus. Ces personnages sont dans l'attitude de l'offrande. Le roi porte le casque décoré de l'uræus royal.

41. — Bas-relief en grès.

Haut. 0,55.

Un Ptolémée et la reine son épouse dans l'attitude de la prière. La légende est un débris du discours qu'ils adressaient aux dieux.

42. Bas-relief en grès, taillé en forme de stèle.

Haut. 0,70. — Larg. 0,45.

Au sommet, le disque ailé Osiris entre Horus et Anubis.

Au milieu, le lit funèbre sur lequel est couché la momie d'un Égyptien.

Au bas, deux chacals.

De chaque côté, une tige de papyrus le long de laquelle se dresse, en s'enroulant, un serpent uræus.

43. — Bas-relief en pierre calcaire; taillé en forme de stèle.

Haut, 0,56. — Larg. 0,38.

Au sommet, le disque ailé auquel sont appendus deux uræus.

Au-dessous, Osiris et Isis reçoivent les hommages d'un individu vêtu à la romaine et accompagné de deux chacals.

Diverses sculptures de ce mauvais style se rencontrent à l'époque de *Vespasien*.

44 et 45. — Fragments de granit rose sculptés en bas-relief.

Haut. 0,75. — Larg. 0,50.

Un jeune dieu (Ahi ?), ou un roi représenté sous la figure de ce dieu, tient un sistre de la main droite. Il porte la grosse tresse, symbole de la jeunesse ; un disque lunaire orne sa tête, et un uræus se dresse sur son front. Style des dernières époques de l'art égyptien.

46. — Fragment de granit rose.

Un épervier coiffé du disque solaire ; il tient la plume d'autruche et est surmonté du disque solaire autour duquel s'enroule l'uræus. Au-dessous, un disque avec deux uræus.

47. — Fragment semblable.

Sous l'épervier, deux poissons groupés comme dans le zodiaque grec.

48. Fragment en pierre calcaire.

Haut. 0,88. — Long. 0,57.

Ce morceau provient d'un édifice détruit très-anciennement ; il avait été employé dans les matériaux d'une des salles des petits souterrains du Sérapéum, à Sakkarah. Ce bas-relief, d'un dessin très-fin, représente le roi *Menkahor*, de la ve dynastie. Le nez est légèrement aquilin, les bras et les genoux sont étudiés avec soin. La déesse *Nekheb, reine du ciel et du monde,* plane au-dessus du roi, sous la forme du vautour? Ce précieux morceau a conservé le portrait du roi ; il donne à penser que le tombeau de *Menkahor* était à Sakharah, et non loin du Sérapéum.

Sur la tranche, on voit les restes d'une incription dédicatoire, d'une époque très-postérieure, de la part d'un *chef des œuvres,* nommé *Amen.....,* qui probablement avait employé ce bloc parmi les matériaux des chambres nouvelles consacrées à Apis, vers la xxe dynastie.

49. — Bas-relief en pierre calcaire.

Haut. 1,47. — Larg. 0,45.

Dessus de porte de tombeau sculpté et peint avec soin. En haut, une ligne de beaux hiéroglyphes, sculptés en relief, contient les principaux titres du grammate *Meri*. Au-dessous, ce personnage est assis sur un siége à pied de taureau. Devant, une masse d'offrandes posées sur une table. Les noms des diverses substances y sont écrites; on y remarque les pains, le vin, les parfums, le *stibium* pour les yeux et la couleur verte avec laquelle on peignait une large bande sous la paupière inférieure. Plus bas, on lit l'indication des étoffes et des vivres consacrés au défunt.

Sur le retour, une femme et un enfant debout accomplissent l'acte d'offrande devant *Meri*. Un homme agenouillé s'associe à cet hommage; c'était un serviteur nommé *Nefer-ban*. En bas, un grammate debout écrit la liste des offrandes qui doivent être exécutées en l'honneur de *Meri* aux fêtes funéraires; c'est ce qu'indique sa légende.

Dans le champ, cinq colonnes de beaux caractères nous apprennent que *Meri* était *chef de l'écriture du registre royal, chef des basilico-grammates de...., chef de la maison de la guerre, commandant de la maison* d'une princesse qui n'est pas nommée. Il était également prêtre de *Rannu* et d'*Horus*, et portait le titre de *Suten-rekh*, ou parent royal. On voit que *Meri* réunissait des dignités civiles, militaires et religieuses. Style de la ve dynastie.

50. — Fragment en pierre calcaire.

Haut. 0,95. — Larg. 0,51.

Ce fragment provient d'un tombeau détruit et fut employé parmi les matériaux de la salle de Ramsès IV, à la tombe des Apis. Le registre supérieur était occupé par des personnages dont on ne voit plus que les pieds.

Un homme nommé *Tutu* et sa sœur *Maa*, sont en adoration devant le génie funéraire *Taumutef*. Au-dessous, les mêmes, devant *Keba-senuf* et le roi *Menkahor*, qualifié *Osiris*. Ce souverain, très-ancien, par rapport à l'époque de notre monument, est donc ici traité en divinité. Il est possible que les dédicateurs fussent attachés à son culte commémoratif, établi dans un édifice voisin de son tombeau.

Un troisième personnage présente les offrandes funéraires.

C.

STÈLES ET INSCRIPTIONS.

---

§ 1er. — STÈLES PORTANT DES NOMS DE SOUVERAINS DE LA XIIe DYNASTIE (Nos 1 à 7).

§ 2. — STÈLES PORTANT DES NOMS DE SOUVERAINS ANTÉRIEURS A LA XVIIIe DYNASTIE (Nos 8 A 14).

§ 3. — STÈLES SANS NOMS DE SOUVERAINS, ANTÉRIEURES A LA XVIIIe DYNASTIE (Nos 15 à 46).

§ 4.—STÈLES PORTANT DES CARTOUCHES ROYAUX DE LA XVIIIe DYNASTIE (N°s 47 à 57).

§ 5.— STÈLES DE LA XVIIIe DYNASTIE SANS NOMS DE SOUVERAINS (N°s 58 à 90).

§ 6. — STÈLES PORTANT DES NOMS DE SOUVERAINS, DEPUIS LA XIXe DYNASTIE, JUSQU'AUX PTOLÉMÉES (N°s 91 à 101).

§ 7. — STÈLES ENTRE LA XIXe DYNASTIE ET LES PTOLÉMÉES, SANS NOMS DE SOUVERAINS (N°s 102 à 118).

§ 8. — STÈLES D'ÉPOQUE PTOLÉMAÏQUE (N°s 119 à 124).

§ 9. — STÈLES BILINGUES, GRECQUES, LATINES OU COPTES (N°s 125 à 153).

Les inscriptions occupent une place très-considérable parmi les monuments historiques de tous les peuples ; mais elles prennent en Égypte un caractère tout particulier sur les cippes funéraires et sur les stèles de toute espèce, par le mélange perpétuel des figures et des emblèmes, qui se fondent en un seul ensemble avec les légendes hiéroglyphiques. Les inscriptions proprement historiques sont de beaucoup les plus intéressantes, puisqu'elles ont été spécialement destinées à conserver des faits importants. Le Musée possède les plus précieux modèles en ce genre dans le fragment de muraille apporté de Karnak, où le roi Toutmès III a fait graver ses conquêtes et les dépouilles des nations tributaires (n° 51), ainsi que dans la stèle de Ramsès Ier, découverte par Champollion, à *Ouadi-Halfa* (n° 57).

Un bien plus grand nombre de stèles ou d'inscriptions simplement funéraires deviennent historiques pour nous. Elles donnent les dates de divers souverains, ainsi que l'enchaînement de leurs règnes, lorsque les familles auxquelles elles ont appartenu remplissaient des fonctions publiques. La chronologie devra les plus grands secours à leur étude, et c'est ainsi qu'on a pu retrouver la série complète de la XIIe dynastie, malgré le nombre prodigieux d'années qui nous en sépare et malgré la destruction des monuments que ses rois avaient élevés.

Sur d'autres stèles, les personnages rappellent les événements auxquels ils ont été mêlés et les faveurs qu'ils ont reçues des souverains.

Enfin, en dehors des grands faits historiques, les stèles sont un trésor inépuisable de documents pour l'histoire intime, politique et religieuse; elles font pénétrer dans l'intérieur des familles et nomment depuis le père de famille, avec toutes ses fonctions, jusqu'à l'enfant qui joue à ses pieds. La formule qui accompagne ordinairement la représentation principale est une prière adressée à Osiris en faveur du défunt ou en son nom, pour que le dieu facilite son entrée et sa sortie dans l'autre monde, et pour qu'il y jouisse de tous les biens que l'on supposait compatibles avec l'état de l'âme humaine pendant le pèlerinage dans les régions infernales. Ce thème varie de différentes manières, et d'autres dieux sont souvent associés à ces hommages; mais Osiris, chef suprême du domaine des morts, est de droit le personnage culminant des *stèles funéraires*. Il faut cependant observer que, dans les plus anciennes inscriptions funéraires, l'hommage principal est adressé à Anubis, conducteur des âmes, c'est à lui que le défunt est censé adresser son allocution.

Dans quelques stèles, rédigées sans doute par des esprits plus cultivés, la prière devient une hymne et l'éloge du défunt prend des formes littéraires d'un goût tout oriental. La superbe stèle du chef nommé *Antef* (n° 26) est un modèle sous ce rapport.

Les prières ont souvent aussi une tournure remarquable. Le fragment n° 66 commence ainsi : « *Adoration au soleil lorsqu'il* « *rejoint la montagne d'occident, par le grammate du trésor* « *Huischera. Il dit : hommage à toi, Ra, dans ton rayonne-* « *ment (matinal), Atum dans ton coucher! j'adore ta divinité* « *à chaque heure dans tous ses noms divers. Les dieux et les* « *déesses dans les hauteurs célestes le vénèrent à son apparition*

« et à son coucher. La lumière du monde, c'est lui qui la donne « de ses mains, et la course de la veille ne le retarde jamais. C'est « la mère de la terre, c'est le père des humains, qui illumine le « monde par son amour; qu'il m'accorde d'être éclatant dans « le ciel, puissant dans le monde, et de contempler chaque jour « la face du soleil. » Sur le fragment correspondant : *L'adoration au soleil levant, lorsque sa lumière apparaît dans la montagne céleste de l'Orient*, commence par la ligne suivante : « *Tu « illumines, tu rayonnes, apparaissant en souverain des « dieux.* »

Le sommet des stèles est occupé par des figures qui se rapportent ordinairement à la divinité suprême sous la forme du disque solaire orné de deux ailes étendues. Il porte alors le nom de *Hat, dieu grand, seigneur du ciel.* Dans la course solaire dirigée d'orient en occident, une de ces ailes étendues était dirigée vers le nord, l'autre vers le midi. Cette sorte d'orientation est souvent complétée par les deux chacals célestes dont l'un est qualifié : *le guide des chemins célestes du nord*, et l'autre : *le guide des chemins du midi.* Quelquefois une des ailes du disque est remplacée par un des yeux mystiques 𓂀 ; en effet, on distinguait aussi l'œil d'*Horus du midi* et *celui du nord.* Souvent le milieu est occupé par l'anneau Ω, symbole des périodes du temps, l'eau 𓈗, qu'on croyait remplir les espaces célestes, et le vase 𓏊, symbole de l'étendue. Il est bien probable qu'on voulait indiquer par la réunion de ces symboles l'immensité et l'éternité, du sein desquelles le dieu s'élançait à son lever, assimilé à l'éternelle naissance de la divinité, en prenant sa direction entre le nord et le midi.

Les stèles sont divisées en sections d'après les principales époques de l'art égyptien. Les premières dynasties ne sont point représentées ici, dans cette classe de monuments, par des stèles portant une date certaine; les nos 14 et 15 doivent néanmoins être regardés comme antérieurs à la XIIe dynastie, et les lignes gravées en relief sur le bas-relief no 1 peuvent donner une idée de la belle forme des premiers hiéroglyphes. Les inscriptions des XIIe et XIIIe dynasties sont aussi généralement d'une grande beauté; les hiéroglyphes ne se retrouvent plus gravés avec une égale perfection sur les monuments érigés par des particuliers lorsqu'on descend plus bas que ces dynasties. Les inscriptions sont encore fort belles sous la XVIIIe dynastie; elles ne sont peut-être pas néanmoins à la hauteur du style des personnages. Sous Ramsès-le Grand, les stèles deviennent généralement médiocres et l'écriture en est souvent grossière. Il en est tout autrement chez les Saïtes, où les hiéroglyphes redeviennent très-fins et très-élégants, et l'on trouve jusque sous les Ptolémées quelques stèles bien gravées.

On peut espérer que la science établira bientôt des règles précises de paléographie pour les inscriptions égyptiennes (1). Lorsque les cartouches royaux nous ont manqué, nous avons dû, dans cette matière entièrement neuve, réunir les indices fournis par le style et les noms de famille; mais ces indices ne conduisent à un résultat certain que pour les monuments qui, par l'importance ou la beauté de leur exécution, donnent plus de prise à l'étude et à la critique. Les stèles d'une exécution inférieure ne peuvent souvent être classées que d'une manière approximative.

---

§ 1er. — STÈLES PORTANT LES NOMS DES SOUVERAINS DE LA XIIe DYNASTIE.

Si l'on pouvait établir un calcul sur les chiffres de Manéthon, la XIIe dynastie ne remonterait pas à une antiquité moindre que trente siècles avant notre ère. Presque toutes les stèles ou inscriptions un peu importantes de cette époque se distinguent par

---

(1) Voyez le Rapport sur l'exploration des principales collections égyptiennes renfermées dans les musées d'Europe....., p. 11.

Les règles que nous indiquions dans la première édition ont acquis, depuis plusieurs années, une autorité et une précision bien plus grande.

la perfection de la gravure et l'élégance des caractères. Cette beauté générale des inscriptions de la XIIe dynastie suffirait à elle seule pour attester l'état avancé où les arts étaient parvenus en Égypte dès une époque aussi reculée, si les peintures de Beni-Hassan, ainsi que les débris de la sculpture et de l'architecture, ne le démontraient pas suffisamment. Les stèles de la XIIe dynastie proviennent presque toutes du champ funéraire d'Abydos.

1. — Stèle en pierre calcaire.

Haut. 1,38. — Larg. 0,89.

Cette stèle porte une date endommagée (de la 8e année?) qui semble devoir être rapportée au règne simultané des deux premiers rois de la XIIe dynastie, *Amenemhé Ier* et *Usurtesen Ier*, puisqu'elle est suivie des légendes royales de ces deux souverains. (1)

Ce monument a été érigé en l'honneur d'un capitaine égyptien nommé *Mentu-nsasu*, qui avait la dignité de *suten rekh*. Outre les formules ordinaires, ce personnage y chante les louanges des deux souverains et se vante des honneurs dont il a été comblé.

Dans le registre inférieur, il siége à côté de sa femme la maîtresse de maison *Menkhelu*, et leur fils *Mennu* leur rend hommage. Les personnages de cette stèle ont été coloriés.

2. — Stèle portant la date de l'an IX du règne de *Usurtesen Ier*.

Haut. 1,38. — Larg. 0,63.

Cette belle inscription contient un hommage adressé aux dieux Osiris et Horus, par un personnage nommé *Hor*, fils de *Senma*. Les huit dernières lignes sont remplies de ses titres pompeux, parmi lesquels on distingue ceux de *prophète de la déesse Ma* et *du dieu Mentu*. La première ligne constate qu'il était prêtre de la pyramide nommée *Ka-nefer* ; c'était le tombeau qu'Ame-

(1) On sait maintenant que le Pharaon *Usurtesen* fut associé à la couronne dans la onzième année du règne de son père.

nembé Ier se faisait construire. En bas de la stèle le défunt est debout. On remarque sur son ventre des plis de graisse et son sein est pendant; cette manière de représenter les personnages, fait allusion à la sagesse acquise par le vieillard; la doctrine étant toujours considérée comme une seconde nourriture.

3. — Stèle datée de l'an IX, le 20 de Paophi du règne de *Usurtesen* Ier.

Haut. 0,97. — Larg. 0,55.

Ce monument consacre la mémoire de *Merri*, fils de *Menkhetu*, qui paraît avoir eu la surintendance de certains travaux de culture. Il parle dans l'inscription de grands travaux relatifs à l'endiguage du fleuve et à l'irrigation dans la partie occidentale. Le reste de l'inscription est un acte d'hommage adressé à *Osiris*, *Ap-matenu*, *Hake* et *Num*, dieux d'Abydos. Cette stèle était ornée de peintures : les hommes, enluminés d'un rouge vif, se font remarquer par leurs jambes musculeuses. Ils sont ornés de colliers et de bracelets, et tiennent en main le *senb*.

Dans le premier registre, à droite, on voit le père de *Merri* et sa mère tranquillement assis; leur fils leur adresse une offrande. A gauche, figure *Merri* lui-même ; une jeune sœur est auprès de ses genoux.

Le registre inférieur est rempli d'offrandes et de diverses personnes de sa famille. Parmi ces personnes on distingue le nom de *Antef* [hiéroglyphes], ce qui semble indiquer que le roi de ce nom avait précédé la XIIe dynastie, car on remarque que le nom d'un roi se trouve très-fréquemment porté par les individus nés sous son règne ou pendant le temps où sa mémoire était encore plus spécialement en honneur (1).

(1) On sait maintenant en effet, par une inscription du musée de Leyde, que plusieurs rois nommés *Antef* appartiennent à la XIe dynastie.

4. — Stèle en granit rose, datée de l'an VII du roi Amenemhé II, troisième roi de la XIIe dynastie.

Haut, 1,85. — Larg. 0,90.

C'est un acte d'adoration adressé à Osiris par *Usurtesen*, fils de *Hathorse*. Ce personnage se qualifie *chef de pays*, etc.

5. — Stèle portant la date de la première année du roi Amenemhé III, sixième roi de la XIIe dynastie.

Haut. 0,71. — Larg. 0,51.

Le cintre de cette stèle est occupé par les deux yeux d'Horus. Le personnage principal s'appelait *Se-uati*, fils de *Khatiur*. Il adresse une prière aux dieux funéraires. Sa famille occupe les registres inférieurs. On y remarquera que le prénom royal de *Usurtesen* Ier, ⊙, était en usage pour composer les noms des particuliers, ce qui indique l'estime qui s'attachait à sa mémoire. Notre stèle fournit un exemple du prénom royal de *Usurtesen* III ⊙ employé de la même manière; en effet, ce souverain, qui correspond au *Sésostris* de Manéthon, est le prédécesseur du roi sous le règne duquel notre stèle fut érigée.

Le deuxième registre est rempli par la scène des offrandes de la famille : l'aîné présentait de droit la cuisse de bœuf, qui était l'offrande la plus distinguée; ensuite venaient l'oie, les gâteaux et les parfums, etc.

6. — Stèle du règne d'Amenemhé III.

Haut. 0,51 — Larg. 0,26.

Elle contient les noms des membres d'une très-nombreuse famille dont les chefs sont la dame *Senb* et le chef de maison *Kefennu*.

7. — Stèle en pierre calcaire.

Haut. 0,49. — Larg. 0,35.

Cette stèle porte en tête les prénoms royaux d'Amenemhé III

(*Ra en ma*), et de son successeur (*Ra ma Kheru*),

que l'on croit avoir porté le nom d'Amenemhé IV. Les cartouches de ces deux rois sont souvent associés sur les monuments; Il est à croire qu'Amenemhé III, dont le règne fut très-long, s'associa son fils ou son frère à la couronne; c'est ce qu'avaient fait également les autres souverains de cette dynastie. Ce petit monument imite la forme d'une porte de naos. Les personnages qui y figurent sont deux fonctionnaires nommés *Usurtesen* et *Sebekhotep*, fils de *Schaschet*, et leur famille.

---

§ 2. — STÈLES PORTANT DES NOMS DE SOUVERAINS ENTRE LA XIIe ET LA XVIIIe DYNASTIE.

Les inscriptions de la XIIIe dynastie ressemblent à celles de la XIIe; les hiéroglyphes conservent la beauté de leurs proportions, et la gravure a souvent la même finesse. Certaines inscriptions appartenant aux rois qui terminent la partie droite de la chambre des rois de *Karnak* deviennent très-inférieures et montrent une véritable décadence vers l'invasion des pasteurs et pendant leur domination, au moins pour certaines parties de l'Égypte.

8. — Grande stèle en pierre calcaire.

Haut. 1,96. — Larg. 1,04.

Au sommet de cette stèle on voit le disque ailé orné de deux uræus qui représentent les déesses du nord et du midi ; le nom écrit auprès se lit *Hat dieu grand, rayon de lumière, seigneur du ciel.* Sous cette scène, se trouve la légende royale complète du Pharaon Sebekhotep, qui paraît être le IIe de ce nom dans la XIIIe dynastie. La place historique de cette dynastie immédiatement après la XIIe a été indiquée par les monuments (1) et par la série des rois d'Égypte, conservée dans le papyrus du Musée de Turin. L'ordre des règnes dans cette famille est établi principalement par la chambre de Karnak, donnée par M. Prisse à la Bibliothèque nationale.

Deux princesses, *Anuk-tata* et *Uuhetu*, filles de la royale épouse *Anna*, rendent hommage au dieu générateur *Horus, fils d'Isis, dieu dans sa force* (2), *résidant dans Abydos.* L'attitude simple et sévère de la scène fait comprendre qu'aucune intention obscène n'était mêlée en Égypte aux représentations de ce genre, et qu'il ne s'agit que d'un hommage au dieu, dans lequel on personnifiait la force créatrice, en le représentant sous la forme ithyphallique.

L'une des princesses, nommée *Uuhetu*, surnommée *Fent*, a l'honneur d'avoir son nom renfermé dans un cartouche, sans néanmoins porter le titre de reine. On connaît plusieurs exem-

(1) On sait, par une inscription gravée sur les rochers de Semné, que la famille des *Sébekhotep* suit immédiatement la XIIe dynastie.

(2) Le signe , qui exprime le nom spécial de la forme ithyphallique d'Horus, correspond à divers mots, tels que *men* et *khem;* on ne voit pas clairement quelle devait être la prononciation habituelle.

ples de cette marque d'honneur accordée à des princes ou princesses du sang royal, mais celle-ci peut avoir porté réellement la couronne. Elle a le même nom que la mère de *Sebekhotep II*. Le père de ce roi, nommé *Monthotep*, n'avait pas été roi lui-même. Les monuments qui nous ont conservé cette généalogie montrent qu'il n'avait droit qu'au titre officiel de *père divin*, c'est-à-dire de père du Pharaon.

9. — Fragment d'inscription qui formait le coin d'un monument sculpté sur toutes les faces (un autel ?). Il contient le nom et le prénom royal de *Sebekhotep IV*, de la XIIIe dynastie.

Haut. 1,10. — Larg. 0,31.

10. — Fragment d'inscription qui semble avoir appartenu au même monument que le numéro précédent. Les hiéroglyphes ont les belles proportions qui caractérisent cette époque, et les fragments de la légende royale qui se lisent dans la ligne supérieure [hiéroglyphes] et [hiéroglyphes] appartiennent également à *Sebekhotep IV* sur un autel conservé au musée de Leyde. On remarque dans l'inscription trois formes de la déesse *Sekhet* à tête de lionne, à qui sans doute le monument était dédié.

Haut. 1,10. — Larg. 1,03.

11 et 12. — Stèles en pierre calcaire (1).

Dimensions : n° 11, haut. 1,05 ; larg. 0,55 — N° 12, haut. 1,04 ; larg. 0,60.

Ces deux inscriptions ont été dédiées par *Amonisenb*, fils de *Uaemkau*. Il exerçait à Abydos une charge dont le sens est encore inconnu. Le n° 11 contient une prière funèbre adressée

(1) La stèle n° 11 a été publiée par Scharpe, *Egypt. incript.* (seconde série), n° 11, pl. XXIV.

au dieu *Apmatenu*. Dans la stèle n° 12, ce personnage est représenté sous la forme d'un homme d'un âge mûr; il parle d'une restauration monumentale exécutée sous le règne de *Usurtésen Ier* et qu'il a été visiter. Cette précieuse mention montre que le roi *Térenra*, dont le cartouche se voit en tête de la stèle n° 11, appartient à l'époque qui s'est écoulée entre la XIIe dynastie et la venue des pasteurs, c'est-à-dire à la XIIIe ou à la XIVe dynastie.

13. — Stèle en pierre calcaire, ornée de peintures.

Haut. 0,87. — Larg. 0,56.

Le sommet de ce monument est occupé par un disque peint en rouge, orné d'ailes bleues. L'in c ription de cinq lignes est un hommage adressé à *Seb*, père d'Osiris, et aux autres dieux d'Abydos. La seconde scène nous fait connaître une reine de la XIIIe dynastie, mais sans nous apprendre de quel souverain elle fut l'épouse. Ses titres ne laissent aucun doute sur sa qualité; il peuvent se traduire ainsi : « *La noble, la grande, la lumineuse, la régente de toutes les femmes, la royale épouse principale, l'associée à la faveur de la couronne blanche, la vie saine et forte*. Ce dernier titre, 𓋹𓍑𓋴 est exclusivement royal et souvent synonyme du mot roi. » Cette reine, qui n'est encore connue par aucun autre monument, se nommait *Nubkhas*, elle apparaît ici coiffée du vautour, symbole de la maternité divine, et fait une offrande à Osiris et à la déesse Hathor (1).

Les noms de quarante-cinq personnages, appartenant tous à la famille ou à la maison de la princesse, remplissent le troisième registre. Le nom du dieu *Sebek* y revient très-fréquem-

(1) Un papyrus du British Museum, expliqué par MM. Birch et Chabas, a fait voir que la reine *Nubkhas* était l'épouse du roi *Sebek-em-saf*, de la XIIIe dynastie. Ces souverains avaient leur tombeau à Thèbes et le papyrus nous apprend que leur sépulture fut violée par des brigands, sous la XXe dynastie.

ment, comme dans tous les monuments de la XIIIe dynastie. Deux noms propres de femmes méritent ici une attention spéciale : le premier *Sebekeneferu*, est identique avec le cartouche du dernier souverain de la XIIe dynastie; Manéthon dit que ce fut une sœur du dernier roi, et la nomme *Skémiophris*. On reconnaît facilement dans ce mot une altération du nom propre *Sebekneferu*, qui est constamment féminin sur les monuments (1).

Le second nom propre, également féminin,  *Hat-schepu*, fut porté plus tard par la régente, fille de *Tahutmes Ier*.

14. — Stèle en pierre calcaire (2).

Haut. 1,17. — Larg. 0,56.

Cette stèle peut être considérée comme un des chefs-d'œuvre de la gravure égyptienne. La première ligne renferme la légende d'un roi nommé *Mentuhotep*, dont la place précise n'a pu encore être déterminée. On sait seulement avec certitude qu'il est antérieur à la XVIIIe dynastie. Le style de cette stèle engage à le placer avant la XIIe dynastie. Son nom royal d'enseigne était *celui qui réunit les deux mondes*. Ce nom qui semble indiquer la fin d'une des époques de divisions de l'empire, le distingue de plusieurs autres Pharaons qui portèrent également le nom de *Mentuhotep*. L'inscription est un acte d'adoration adressé à Osiris dans toutes ses demeures par *Irisen*, fils de *At*. Dans la scène qui occupe le bas de la stèle, un person-

(1) On sait actuellement que le dernier cartouche de la XIIe dynastie appartient en effet à une reine.

(2) Publiée par Lepsius Ausvahl, 1, pl. IX.

nage nommé *Irisen-aker* (1), accompagné de son épouse *Hapu*, reçoit les hommages de sa famille; un de ses fils se nommait *Mentuhotep* comme le souverain régnant.

---

§ 3. — STÈLES SANS CARTOUCHES, ANTÉRIEURES A LA XVIIIe DYNASTIE.

Le style des hiéroglyphes, ainsi que les noms usités dans les familles égyptiennes vers les XIIe et XIIIe dynasties, permettent de classer ici les stèles suivantes, quoiqu'elles ne portent le nom d'aucun roi.

Tous ces monuments sont donc antérieurs au XVIIIe siècle avant notre ère.

15. — Stèle en pierre calcaire.

Haut. 1,10. — Larg. 0,02.

Cette stèle, malheureusement brisée, est le plus beau modèle de la gravure en relief dans le creux. Les dernières lignes de l'inscription montrent qu'elle se rapportait à un individu nommé *Mur-Kau*, que l'on voit, dans le registre inférieur, assis auprès de sa femme *Uaemma*, et recevant les offrandes de sa famille.

Une série de personnages mystiques très-curieuse est sculp-

---

(1) Malgré l'addition du mot *aker*, qui n'est qu'une épithète, ce peut être le même individu

tée en relief dans le registre intermédiaire. On y remarque le défunt debout dans sa barque funèbre, dont la proue est ornée d'une tête de lion et la poupe d'un uræus dressé. Le texte qui court sur cette scène est une litanie de divers dieux Tout au bas de la stèle on remarque une porte d'hypogée, décorée avec les deux feuilles de lotus propres au style antique. Les yeux mystiques sont gravés sur les deux battants de cette porte. Ce beau fragment doit appartenir au commencement de la XIIe dynastie.

16, 17, 18. — Stèles rectangulaires en pierre calcaire, ornées de peintures.

N° 16, haut. 0,55, larg. 0,44. — N° 17; 0,54, larg, 0,77. — N° 18, haut. 0,52, larg. 0,76.

Ces trois stèles appartenaient à un personnage nommé *Usurtesen*, époux de la dame *Tahutsenu*. Dans le n° 16 *Usurtesen* reçoit les hommages de huit personnes dont les noms étaient seulement peints en noir et sont presque entièrement effacés.

Le n° 17 se compose de trois registres, dans chacun desquels *Usurtesen*, assis à la droite, reçoit des offrandes. On lui amène un veau dans la première scène. On remarque dans le bas un groupe composé : 1° d'une jeune personne qui danse tenant une branche à la main; la légende qui l'accompagne se lit *Keskes-t, danseuse;* 2° une joueuse de harpe; la légende se lit *Hosi-t emben-t, chanteuse avec la harpe;* 3° trois filles frappant dans leurs mains, chargées sans doute de battre la mesure pour compléter cet accompagnement; leur légende les nomme *Hosi-t-em tot, chanteuses avec la main.*

Tous les personnages étaient peints des couleurs naturelles, et les hiéroglyphes rehaussés de bleu.

La stèle n° 18 nous montre *Usurtesen* se livrant à la pêche, à la chasse des oiseaux d'eau dans la contrée nommée *Apu* (1). Dans le second registre, il surveille les travaux champêtres. Son épouse, agenouillée devant lui, lui rend hommage dans le troi-

(1) C'est le nom égyptien de *Panopolis*.

sième registre. On aperçoit ensuite la barque qui amène la momie de *Tahut-sennu*, à la grotte funéraire.

19. — Stèle en pierre calcaire.

Haut. 0,45. — Larg. 0,60.

A gauche, un personnage nommé *Meri* en adoration. A droite, deux hommes nommés *Khati* et *Hotepui*, semblent adresser leurs hommages à leurs parents *Usurtesen* et *Hotep*, représentés par deux petites figures qui surmontent une table d'offrandes. Les deux personnages sont coiffés d'une calotte rouge et portent un collier vert sur la poitrine.

20. — Petite stèle en pierre calcaire.

Haut. 0,18. — Larg. 0,16.

Figures et hiéroglyphes peints en bleu. Un prêtre et cinq personnes adressent une prière à Osiris.

21. — Stèle en pierre calcaire.

Haut. 0,60. — Larg. 0,43.

Usurtesen, fils de *Antefaker* et de la dame *Hotep-t*, adresse dans la légende verticale une prière à Osiris. Les lignes horizontales contiennent sa famille : deux de ses frères se nomment *Antef* et *Ameni*; ses sœurs sont *Hathorse*, *Nem* et *Sent*; sa femme est la dame *Se-t-ap*, fille d'*Hapiu*. L'homme est peint d'un rouge sombre; les offrandes sont, comme les hiéroglyphes, rehaussées d'une teinte verdâtre. La coiffure est juste à la tête, et la *schenti*, qui semble empesée, fait une pointe en avant.

22. — Stèle en pierre calcaire, taillée en forme de porte.

Haut. 0,57. — Larg. 0,35.

Usurtesen, fils de *Tata*, et sa femme *Hathorse*, devant une table chargée d'offrandes. Ils adressent l'un et l'autre un acte d'adoration dans les légendes de droite et de gauche. Les hommes sont peints en rouge et les femmes en jaune; les hiéroglyphes en bleu.

23. — Stèle en grès rouge, taillée en forme de porte.

Haut. 0,37. — Larg. 0,23.

Elle porte les légendes de deux Égyptiens : 1° (effacé)...., fils de *Khonsou*; 2° *Usurtesen*, fils de *Hathorse*. Sur ce petit monument les hiéroglyphes et les personnages étaient recouverts d'un émail vert.

24. — Stèle en pierre calcaire.

Haut. 0,42. — Larg. 0,25.

Au sommet, les deux yeux mystiques. Au-dessous, une adoration adressée à Osiris par *Senbetef*, fils de *Nofreit*, et dix personnes de sa famille.

25. — Stèle en pierre calcaire.

Haut. 0,55. — Larg. 0,35.

Trois autels, couverts d'offrandes, sont placés devant deux personnages dont le premier se nomme *Shotep-het*. On distingue parmi les noms de sa famille celui de *Usurtesen-ankh* (le *Usurtesen* vivant), nom composé avec celui des rois vénérés de la XIIe dynastie.

6. — Grande stèle en pierre calcaire.

Haut. 1,80. — Larg. 1,20.

Ce monument peut passer pour le chef-d'œuvre des stèles funéraires par la belle proportion des caractères, le développement inusité des formules et leur tournure littéraire. Son style est celui du commencement de la XIIe dynastie. Au sommet, on voit l'anneau entre les deux yeux mystiques, accompagnés des symboles de l'Orient et de l'Occident. Un grand personnage nommé *Antef* est assis sur un siége, et reçoit les hommages de son frère *Ahmes* et de son fils *Teti*. *Antef* prend entre autres titres ceux de *premier lieutenant du roi*, gouverneur de *Teni et du nome d'Abydos*. *Teni* est le nom égyptien de Thinis, chef-lieu civil du nome d'Abydos.

Les trois personnages ont été mutilés à une époque ancienne, probablement par suite de quelque réaction politique.

Dans les deux scènes qui se partagent le sommet de la stèle, *Antef* est assis et reçoit les offrandes: les deux légendes qui accompagnent les figures reproduisent les titres officiels que nous retrouvons plus développés dans la grande inscription. A droite, l'hommage est adressé par le fils d'*Antef*, nommé *Teta*, qui prend les titres de *prêtre, scribe de l'enceinte sacrée*; à gauche, c'est le scribe *Ahmes*, frère d'*Antef*, qui s'acquitte de ce devoir.

La grande inscription qui couvre le reste du monument, mérite l'attention, non-seulement par la beauté de la gravure, mais encore par la rédaction toute particulière des discours adressés à ceux qui visiteront le tombeau de notre personnage. Malgré quelques mots effacés et quelques expressions d'un sens douteux, on peut donner une idée exacte de ce exte important. Les formes recherchées du style et les détails élogieux qu'elle renferme, montrent qu'*Antef* a été un des personnages les plus considérables de son temps. Quoique son titre particulier ne le signale d'abord que comme gouverneur du nome d'Abydos, dont Tinis était la capitale civile, l'ensemble de ses attributions le caractérise comme ayant exercé le pouvoir d'un premier ministre. La qualification de *nem tep en suten, premier second (ou lieutenant) du roi*, n'appartient pas d'ailleurs aux simples gouverneurs des nomes.

Après l'hommage ordinaire aux dieux protecteurs du mort, qui sont ici Amon, Osiris et Anubis, l'allocution suivante est mise dans la bouche d'*Antef*.

O! vous qui vivez sur la terre, hommes, prêtres, grammates, odistes, qui entrerez dans cette demeure funèbre; vous qui aimez la vie et repoussez la mort, qui louez les dieux de vos pays et n'avez pas goûté les mets de l'autre monde; quand vous reposerez dans vos tombeaux, puissiez-vous transmettre vos dignités à vos enfants. Soit en récitant les paroles gravées sur cette stèle, comme il convient à un scribe, soit en les écoutant, dites ainsi : Adoration à AMON, *seigneur des trônes du monde, afin qu'il accorde les biens funéraires des milliers de pains, etc.*

Cette première partie de l'inscription ne se distingue des formules ordinaires que par la circonstance de l'hommage principal adressé au dieu *Amon*, de Thèbes, au lieu d'Osiris, dieu d'Abydos, ce qui indique que la principale sphère d'activité d'*Antef*, fut réellement la capitale de la Haute-Égypte.

La seconde section amène un pompeux éloge d'Antef; le discours est ici au nom des dédicateurs :

(Offert) à la personne du chef héréditaire, fonctionnaire du sceau, qui est un des SEMER, *possédant le cœur du roi; le commandant de ses armées, ordonnant les phalanges de ses gardes. Celui qui juge les* SEMER *et qui conduit les* SAHU (1); *celui qui amène les souverains à leur place, le chef des chefs.. seul dans la multitude, il est arrivé au faîte des honneurs du gouvernement, dans la demeure insigne; en sorte qu'il porte la parole aux hommes. Il énonce toutes les affaires dans la double Égypte; il parle sur toutes choses dans le lieu du secret. Quand il entre il est acclamé, quand il sort il est loué. C'est lui qui place chacun sur le siége de son père* (2). *Contentant les cœurs, bon parmi les bons. Les princes se tiennent attentifs à sa bouche, il donne les entrées au palais; il compose les règlements dans la demeure du pharaon, pour que chacun connaisse ses devoirs. Il emploie ses efforts..... toute son ardeur dans l'intérieur de la grande demeure* (3). *Il réduit le criard au silence, il décerne les honneurs. Excellent dans le lieu du silence, il est le régulateur de la balance du dieu bienfaisant. Donnant la direction aux hommes*

---

(1) *Sahu* est une épithète telle que *choisi*, *illustre;* mais *semer*, paraît avoir été un véritable titre hiérarchique.

(2) Cette phrase s'explique par le droit généralement reconnu à l'hérédité des charges; il fallait cependant que le pharaon donnât l'investiture, après avoir probablement fait vérifier le mérite de l'héritier. Les rois sont toujours loués quand ils ont respecté ces droits.

(3) Cette périphrase indique le *palais* comme siége du gouvernement. Cette désignation donne lieu à une variété infinie d'expressions dont il ne nous est pas toujours donné de saisir les nuances.

pour leurs actions, toutes ses paroles s'accomplissent sans (résistance) comme ce qui sort de la bouche de Dieu. Il a été placé à la tête des hommes pour compter leurs redevances envers le roi, et établi sur toutes les nations (étrangères), pour fixer les tributs de leurs princes. Habile dans le comput des quantités, bien pourvu de...., il connaît la délibération du cœur du souverain, il est la langue de l'habitant du palais; les yeux du roi, le cœur du seigneur de la maison des doctrines, pour le pays tout entier. Il châtie le rebelle et donne le repos à l'homme tranquille.......? Il repousse le bras du malfaiteur, il emploie la violence contre les violents; il est maître de son cœur vis-à-vis de ceux qui sont maîtres de leurs cœurs. Il abaisse l'épaule de l'orgueilleux, il annule l'heure du cruel. Il soumet le séditieux aux règles des lois, il fait juger celui qui déteste son propre cœur : grande est sa terreur parmi les impies, il est le seigneur de la crainte pour les pervers. Il détruit le rebelle et repousse le brigand. Donnant la justice au palais, ses vertus rendent les peuples heureux en toute chose; le second premier du palais, le gouverneur de TENIS, *du nome d'Abydos, commandant de la montagne* UTI *dans toute son étendue; l'écrivain parfait, versé dans les lettres, Antef, le véridique.*

Cette coupure marque une nouvelle division de l'inscription qui continue en ces termes l'éloge d'*Antef :*

C'est un sage, nourri de connaissances, jugeant exactement ce qui est le vrai. Il discerne l'ignorant de l'homme instruit et distingue l'officier habile de l'homme sans mérite. Tenant son cœur en grande perfection, il s'applique à écouter chacun à sa place. Exempt de tout vice, vertueux dans toutes ses pensées, son cœur est droit, aucun détour n'est en lui. Ardent pour tout devoir, lorsqu'on l'invoque, il écoute favorablement les requêtes. N'aimant pas la tiédeur, il est vif pour répondre à celui qui agit dans ses conseils. N'ignorant rien de la vérité, plein de sagacité, il connaît les paroles de l'intérieur : ce qui n'est pas sorti des lèvres, ce que l'homme dit en face de son cœur, rien ne lui est caché. Il ne néglige pas les paroles du juste, et rejette les discours du frauduleux...... Il ne se rebute pas devant un discoureur, il se presse pour faire justice. Appliquant son cœur à pacifier, il ne fait pas de distinc-

tion entre l'inconnu et ses familiers. Recherchant le droit, il applique son cœur à écouter les requêtes. Il rend justice (aux plaintes) du pauvre, il est sévère pour le frauduleux..... Il vérifie la parole du véridique, il fait retomber le mal sur celui qui fait tort à l'homme malheureux. C'est le père du faible, le (soutien) de celui qui n'a plus de mère. Redouté dans le repaire du malfaiteur, il protége le pauvre, il est le sauveur de celui qu'un plus puissant a dépouillé de ses biens. C'est le mari de la veuve, l'asyle de l'orphelin.....; les affligés deviennent joyeux quand ils sont connus de lui. Excellent dans toutes ses pensées, quand il invoque les dieux, ils l'exaucent en raison de sa grande vertu. Tous les hommes lui confient leur salut et leur vie. Le grand second du palais, le commandant de la grande demeure, surintendant des greniers, chef de tous les travaux du roi. C'est à lui que tous les officiers font leurs rapports; il suppute les redevances de tous les chefs, de tous les commandants, de tous les gouverneurs des villes principales du midi et du nord de l'Égypte, le grammate parfait, Antef, homme véridique.

Après cet éloge pompeux, vient une quatrième section dans laquelle *Antef* est maintenant introduit, résumant lui-même les principales actions de sa vie. Malheureusement le nom du pays étranger où il avait porté les armes égyptiennes se trouve effacé, ce qui nous prive d'un renseignement précieux pour l'histoire.

Il dit: ce sont mes qualités que j'atteste ici, il n'y a aucune contradiction; mes grandes actions ont été telles en vérité, il n'y a pas d'exagération. Je n'emploie aucun artifice de discours pour me vanter sans raison. Voici quelle a été ma vie: j'ai rempli tous mes offices dans le palais du roi; mon heure s'est passée dans la demeure de l'élu de la protection divine, tout mon temps s'y est écoulé. J'agissais en cela de mon plein gré, d'après la direction qu'il (le roi) me donnait....., ses préceptes excellents. Je n'ai pas violé ses paroles, j'ai craint de transgresser sa règle. J'ai prospéré, en augmentant mes talents, par l'exécution de ses ordres; je devins illustre sous sa direction..... C'est une leçon de dieu qui est dans le cœur de tous les hommes: « Celui-là prospère « qui est dirigé dans la bonne voie pour ses actions. » Ainsi ai-je fait. J'ai servi le roi de la Haute et de la Basse-Égypte, m'attachant à ses pas..... (l'accompagnant) de contrée en contrée. J'ai marché à sa suite, étant aux pieds de Sa Majesté, et j'ai combattu comme les maîtres du glaive. J'ai pris, avec ses braves, toutes les villes de la contrée d'Aar...... J'étais à la tête de ses gardes, comme chef de son armée. Mon seigneur eut un heureux retour. Quant à moi........... Je le garnis de toutes les choses désirables de la contrée, je la rendis plus prospère qu'une ville d'Égypte. Je la sanctifiai et je la purifiai : j'établis les mystères et la religion dans ses temples, ainsi que des demeures pour ses habitants. J'ai ainsi satisfait le cœur du souverain par toutes mes actions...... Je réglai les tributs des princes de toutes les contrées en argent, en or, en denrées, diverses, en parfums, en vins....

Les derniers mots sont effacés ; ils eussent été précieux pour déterminer la contrée vaincue, mais la mention du vin est déjà très-significative, puisqu'elle nous empêche de songer aux régions méridionales. Aucun document ne nous autorise néamoins jusqu'ici à penser que la XIIe dynastie ait fait des conquêtes du côté de la Syrie.

27. — Stèle en pierre calcaire, taillée en forme de porte.

Haut. 0,45. — Larg. 0,31.

Hommage adressé à Osiris par un personnage nommé *Antef*, qui était *scribe de l'oreille;* c'est le fonctionnaire que les Grecs ont appelé *le ptérophore*. En face de lui, un fonctionnaire du même ordre; plus bas, leur famille. Le fond de cette stèle était peint en jaune, les hiéroglyphes étaient rehaussés de bleu.

28. — Stèle en pierre calcaire, taillée en forme de porte.

Haut. 1,17. — Larg. 0,77.

Le personnage qui est assis devant une table d'offrandes se nommait *Sebekhotep ;* il était le *premier Heb royal* (1).

(1) Les attributions de cette charge, dont le nom complet s'écrivait *Kher-heb*, paraissent répondre à celle de l'ordre sacerdotal des *Odistes*.

C'était un poste sacerdotal important. Le *Heb* figure dans les grandes cérémonies avec le livre déroulé dans les mains; il était chargé de prononcer certaines portions de la liturgie; son costume officiel est la peau de panthère. En bas de la stèle, le même personnage est debout, tenant à la main le grand bâton de commandement.

29. — Stèle en pierre calcaire.

Haut. 0,63. — Larg. 0,43.

Au sommet on voit le disque solaire entre les deux yeux mystiques, qui sont escortés de deux chacals noirs, gardiens des chemins du nord et du midi. On lit ensuite une prière adressée à Osiris et au dieu gardien des chemins célestes par *Aaab*, fils de *Kherab* ; il est accompagné d'une nombreuse famille. Cette stèle est peinte, les hiéroglyphes rehaussés de vert.

30. — Stèle en pierre calcaire, gravée sur les deux faces.

Haut. 1,05.

Sur la face principale est une prière à Osiris, au nom de deux individus, dont le premier se nommait *Sebekhotep*; le second, neveu de celui-ci, était fils de la dame *Sennu*, et s'appelait *Sebekari*. *Sebekhotep* était membre du conseil *royal des trente*. Ce titre désigne probablement le tribunal dont chaque membre était élu par une des villes qui possédait ce droit. — L'autre face contient un hommage au dieu *Horus générateur* ; elle est remplie par vingt-sept personnages de la même famille.

31 — Stèle en pierre calcaire.

Haut. 0,56. — Larg. 0,42.

Premier registre : adoration à Osiris. Deuxième registre : *Senbu*, qualifié *gardien de la demeure*, reçoit les offrandes de ses frères *Amenemhé* et *Iritis*, de ses sœurs *Hen* et *Amense*, de son père *Uah*, de sa femme *Nakht*, de son frère *Numerta*, et de sa seconde femme *Anku*. Troisième registre : *Sebeknakht* est assis avec sa femme *Téti*.

32. — Stèle en pierre calcaire.

Haut. 0,60. — Larg. 0,46.

La première ligne annonce des milliers d'offrandes; la deuxième et la troisième contiennent l'acte d'adoration à Osiris de *Nakht-ankh*. Il est accompagné de sa femme *Anekké*. A droite, son père *Khair*. Le deuxième registre est rempli par sa famille.

33. — Stèle en pierre calcaire.

Haut. 0,30. — Larg. 0,30.

Au sommet, les yeux d'Horus. *Papi*, fils de *Henné*, adresse une invocation à Osiris; cet égyptien est qualifié *familier de la grande demeure* : il est accompagné d'une nombreuse suite de personnes de sa famille.

34. — Stèle rectangulaire en pierre calcaire.

Haut. 0,45. — Larg. 0,46.

Les deux figures de ce petit monument portent également le nom de *Hor*, fils de *Sent* ; il est probable qu'ils représentent le même personnage, d'abord dans la jeunesse et ensuite dans l'âge mûr, indiqué par les plis du ventre et l'obésité de la poitrine. Les inscriptions sont des prières adressées à Osiris et à Anubis.

35. — Stèle en granit.

Haut. 1,08. — Larg. 0,45.

(*? Tes*) *amen*, fils de *Kebu*, se voit au centre, accompagné de sa fille nommée *Ama*.

36. — Stèle en pierre calcaire.

Haut. 0,27. — Larg. 0,22.

Une femme offre un bouquet de papyrus à son mari *Nakht*, fils de *Nakht*. Celui-ci tient le *pat* et le grand bâton.

37. — Stèle en pierre calcaire.

Amenemhé - Senb, fils de *Apé*, reçoit les offrandes de sa famille. On remarque deux nègres parmi les gens du registre inférieur.

38. — Stèle en pierre calcaire, taillée en forme de porte.

Haut. 0,50. — Larg. 0,30.

Le gardien du grand navire, *Ankhu*, adresse un acte d'adoration à *Ptah-Sokar-Osiris*. Toute la gravure est rehaussée d'une teinte verte uniforme.

39. — Stèle en pierre calcaire.

Haut. 0,46. — Larg. 0,29.

Ressenba et sa famille. On y remarque un *gardien de l'arc* (1), nommé *Ransneb*.

40. — Stèle en pierre calcaire.

Haut. 0,51. — Larg. 0,33.

Elle a été dédiée par *Senb*, fils de *Senbesen*, qui avait la dignité de *heb* dans le temple du dieu Horus générateur. Sur le second registre, il reçoit les hommages de sa famille, dans laquelle on remarque des charges de diverses sortes, des grammates, un *heb* et un employé à la navigation.

Un des grammates se nomme *Rashotepab-Senb*,

nom très-curieux parce qu'il est composé avec le prénom royal d'Amenemhé Ier, chef de la XIIe dynastie, employé comme un nom divin. Les figures et les hiéroglyphes sont peints en bleu.

41. — Stèle en pierre calcaire.

Haut. 0,37. — Larg. 0,48.

Au sommet, l'anneau entre les deux yeux d'Horus. Une prière de forme ordinaire est adressée à Ptah-Sokar-Osiris par un personnage nommé *Tabe*. Il est qualifié *fils royal*, chef de *Ani*.

(1) Ce titre paraît désigner simplement un archer.

Le titre de *fils royal* ou prince a été porté par les gouverneurs de pays importants, tels que *Elithyia* et *Kousch* (ou Éthiopie). Cette stèle paraît appartenir à la XIIIe dynastie.

42. — Stèle taillée en forme de porte, sculptée et peinte.

Haut. 0,28. — Larg. 0,21.

Ransenb, fils de *Tuba*, fait une prière à Ptah-Sokaris ; le bas de la stèle est rempli par les noms des personnes de sa famille

43. — Stèle en pierre calcaire.

Haut. 0,65. — Larg. 0,39.

Au sommet, l'anneau escorté des deux yeux d'Horus et les deux chacals du nord et du midi.

Pantina, fils de *Aker* et de la dame *Ana*, adresse un hommage à Osiris et à d'autres dieux. Il avait l'emploi de *chargé des écritures du Midi*, ce qui devait être une fonction administrative. Les figures portent encore des traces de coloration.

44. — Stèle rectangulaire en pierre calcaire.

Haut. 0,38. — Larg. 0,44.

Quatre figures en forme de momie (deux hommes et deux femmes) sont sculptés en très-haut relief au milieu du monument ; autour sont des prières adressées par *Senbeb*, fils de *Hathor* et *Herben*, fils de *Apa*. Ils sont accompagnés d'autres personnes de leur famille. Quelques légendes avaient seulement été peintes en noir auprès des figures.

45. — Stèle en pierre calcaire.

Haut. 0,55. — Larg. 0,38.

Iusenb, fils de la dame *Sekhet-Hotepet*, adresse son hommage à Osiris, Horus, et au dieu à tête de chacal, *Apmatenu*. Au-dessous on lit le nom de treize personnages. Cette famille est curieuse à étudier à cause de la diversité des titres que portent les diverses personnes qui la composent. C'est à l'aide de monuments de ce genre que M. Ampère a prouvé que les castes n'existaient pas en Égypte dans le sens strict de ce mot, et que le fils d'un prêtre pouvait être guerrier, et réciproquement. Un capitaine a quelquefois lui-même des titres sacerdotaux et cumule des emplois de ces deux classes si différentes.

46. — Stèle en pierre calcaire, taillée en forme de porte.

Haut. 1,55. — Larg. 0,90.

Ce monument n'est qu'ébauché, et l'on n'est pas tenté de s'en plaindre, parce qu'il fait suivre les procédés qu'employaient les artistes. Les hiéroglyphes étaient dessinés au trait, et, comme on peut le voir, avec une main très-sûre. Une abeille, du côté gauche, est restée à moitié peinte, à moitié gravée. Le personnage qui avait commandé cette stèle se nommait *Amentemha*.

---

§ 4. — STÈLES PORTANT DES CARTOUCHES (XVIIIe DYNASTIE).

Les divers chronologistes sont loin d'être d'accord sur l'époque où les rois d'Égypte, ayant chassé les pasteurs, s'occupèrent avec ardeur de relever les monuments. Cette restauration, placée par les uns vers le XVIe, par les autres vers le XIXe siècle (av. J.-C.), fut accomplie par le roi *Ahmes*, chef de la XVIIIe dynastie. On ne connaît pas de temples élevés sous son règne; il paraît que le soin de reconquérir son pays ne lui en laissa pas le loisir. Une stèle gravée dans les carrières de *Tourah* (1), montre qu'il se disposait à la fin de son règne à faire extraire des pierres pour réparer les temples. *Aménophis Ier*, qui lui succéda, put commencer la restauration de Karnak dans quelques parties, et l'art égyptien attei-

(1) Le Musée de Marseille possède une stèle d'adoration dédiée par le roi *Ahmes*, dont les monuments sont extrêmement rares.

gnit bientôt son apogée sous les *Tahutmes* et les *Amenhotep*, ses successeurs.

Quelques stèles de particuliers, appartenant au règne d'Aménophis Ier, sont très-mauvaises : mais la beauté des hiéroglyphes redevient remarquable dans les stèles du reste de la XVIIIe dynastie. Elles restent pourtant inférieures sous ce rapport aux stèles de l'ancien empire, et leur principal mérite consiste dans la perfection avec laquelle sont dessinées les figures. Les nez droits et fins, les jolies lèvres souriantes et les longues coiffures à petits tuyaux, appartiennent presque exclusivement à la XVIIIe dynastie.

Le martelage du nom d'Ammon est un caractère particulier aux stèles gravées sous cette dynastie jusqu'au roi *Horus* exclusivement.

47. — Stèle en pierre calcaire.

Haut. 0,49. — Larg. 0,25.

Au sommet, l'anneau entre les deux yeux d'Horus. La première ligne porte la légende royale d'Aménophis Ier. Un grammate, nommé *Horemkhu*, adresse ensuite un acte d'adoration à Osiris au nom de son frère *Atefnofre*. Ce dernier avait le rang de *véritable suten rekh*. *Horemkhu* et sa femme reçoivent l'offrande de divers vases. On voit sous leurs fauteuils un chien, un miroir, un vase et des sandales.

48. — Stèle en granit rose.

Haut. 2,65. — Larg. 1,60.

V. Lepsius, Auswahl XI. Cette belle stèle, dont la forme générale imite la décoration d'une porte égyptienne, est un monument très-précieux pour l'histoire de la XVIIIe dynastie. La légende du montant extérieur, à gauche, dit formellement qu'elle a été érigée par la reine  *Ramaka* (1) en l'honneur de son

(1) Ce cartouche est un nom d'intronisation ou prénom royal.

son père *Tahutmes* Ier. Ce cartouche est martelé ici et presque partout où il avait été gravé. On sait en effet que cette princesse, dont le nom propre était  *Hat-schepu*, s'attribua un prénom royal, une enseigne de 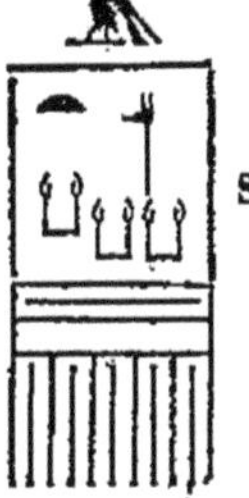 souveraine, que l'on voit ici (1) au commencement de sa légende, et les titres royaux les plus complets. Mais c'était de sa part une usurpation d'autorité.

Deux statues votives dédiées par *Tahutmes II* et *Tahutmes III* à *Tahutmes Ier*, leur père, ainsi que la statuette d'un prince nommé *Nebseni*, conservée au British Museum, confirment le fait énoncé ici que la princesse *Hat-schepu* était la sœur de ces deux rois; elle n'était donc, en droit, que régente au nom de ses deux frères. Aussi *Tahutmes III* fit-il marteler partout le cartouche et quelquefois la légende entière de sa sœur, lorsqu'il eut recouvré son entière autorité.

Sur le montant extérieur de droite on avait d'abord sculpté l'enseigne de *Tahutmes* Ier; celle de la régente y fut gravée en surcharge, ce qui montre que le monument avait été réellement commencé sous le règne de *Tahutmes* Ier. Sur le bandeau de la porte, le dieu Ammon, dont toute la personne a été plus tard soigneusement martelée, sauf l'extrémité de ses plumes, tendait le signe de la vie ☥ à *Tahutmes* Ier, assis sur son trône et

(1) Ces enseignes indiquaient la souveraineté, et la devise qu'elles portaient était un second nom royal qui était censé choisi pour le souverain par le dieu *Tahut* lui-même. Celle-ci se lit *Usurt-kau*, ce qui peut signifier, la *plus puissante des êtres.*

coiffé de la couronne de la Haute-Égypte . Les gravures de ce morceau étaient incrustées d'un émail vert dont il reste quelque trace.

On doit à la princesse *Hat-schepu* une assez grande quantité de monuments dont le style est d'une remarquable beauté.

49. — Deux fragments en pierre calcaire.

Haut. 0,50. — Larg. 0,30.

Ces deux inscriptions paraissent avoir décoré les deux côtés du siége d'une petite statue; elles présentent un grand intérêt historique. Un guerrier nommé *Ahmes*, dit *Pennekheb*, raconte brièvement ses exploits sur la face gauche. Il a fait une première campagne sous le roi *Ahmes* et accompagné le roi *Aménophis I*er dans deux expéditions. Sous *Tahutmes I*er, il fit d'abord la campagne d'Ethiopie, puis celle de la Mésopotamie (Naharaïn). Sa dernière expédition sous *Tahutmes II*, était dirigée contre les *Schasu*, peuple asiatique. A chaque campagne, il tue des ennemis ou fait des prisonniers; en Mésopotamie, il s'empare d'un char et d'un cheval.

L'inscription de droite est remplie par les faveurs que lui a values sa bravoure. Depuis *Ahmes* jusqu'à *Tahutmes III*, chaque souverain lui a donné des poignards, des colliers, des haches d'armes et des lions en or. Ces lions se portaient suspendus à un grand collier comme la *Toison d'or*.

Ce monument nous apprend que, dès *Tahutmes I*er, les armes égyptiennes avaient pénétré jusqu'au cœur de l'Asie (1).

50. — Stèle en granit gris, gravée sur les deux faces.

Haut. 0,77. — Larg. 0,45.

La face principale de ce monument contient, dans une niche, la triade d'Osiris, Isis et Horus. On lit à droite et à gauche les prénoms royaux d'*Ahmes* et de *Tahutmes III*. Au bas de la stèle, *Titia, chef des grammates d'Ammon*, et la dame *Aui, vouée au*

(1) On lit, en effet, dans les annales de *Tahutmès III*, que ce prince trouva en Mésopotamie la stèle commémorative des victoires de son père.

culte d'Ammon, sont agenouillés devant leurs offrandes. Leurs prières remplissent les inscriptions circulaires.

L'autre face est occupée d'abord par huit figures de divinités auprès desquelles on remarque le prénom royal d'Aménophis Ier, qui est souvent ainsi placé parmi les dieux et même invoqué spécialement, en raison de la vénération singulière que les Égyptiens avaient conservée pour lui. Tout auprès on lit le nom de la reine *Ahmès Nofreari*. Cette reine, épouse du roi Amosis, a été vénérée pendant les XVIIIe et XIXe dynasties.

La stèle se termine par la généalogie de Titia jusqu'à son cinquième aïeul nommé *Pétébar*. La charge de *chef des grammates d'Ammon* était pendant tout ce temps restée constamment dans la même famille, et transmise de père en fils. Les cartouches royaux doivent faire penser que ces six générations occupèrent tout l'espace de temps qui s'écoula depuis Amosis jusqu'à *Tahutmes III*.

51. — Blocs de grès formant le revêtement d'une muraille au palais de Karnak.

Cette belle inscription décorait la paroi intérieure du mur qui environne le sanctuaire de granit à Karnak. Elle se trouvait à gauche en entrant, et S. G. Wilkinson l'a copiée sur place. Le meilleur dessin qui en ait été publié se trouve dans le choix de monuments de M. Lepsius (pl. XII). Champollion cite fréquemment des passages de ce texte dans sa grammaire et dans son dictionnaire, et il existe dans ses manuscrits un travail très-avancé pour son interprétation. M. Birch a publié une traduction presque complète de ce morceau précieux dans les Transactions de la Société royale de littérature (vol. II, *new series*). Le sujet de toute l'inscription est expliqué dans la ligne supérieure qui lui sert de titre. Elle porte que le roi a ordonné de consigner sur cette muraille le récit de ses expéditions guerrières.... le reste est brisé. Une portion très-considérable du monument a été détruite, ou est restée enfouie à Karnak, en sorte que toutes les lignes sont tronquées par le bas (1).

(1) M. Mariette ayant retrouvé depuis divers blocs qui s'y rajustent et comblent une partie des lacunes, nous avons publié, dans la *Revue ar-*

Le récit commençait, dans notre inscription, à la cinquième expédition faite par *Tahutmes III*, dans la vingt-neuvième année de son règne. On sait, en effet, par les monuments, que ce prince fut tenu en tutelle par la régente, sa sœur, au moins jusqu'à la dix-septième année. On peut encore lire, vers la fin, la date de la treizième expédition, et l'inscription allait plus loin.

Le nombre de ces campagnes n'a pas lieu d'étonner, puisque l'on connaît d'une manière certaine au moins la quarante-deuxième année du règne de *Tahutmes III*. Les expéditions mentionnées ici portent ce prince en Asie, où il occupe la Mésopotamie. En effet, *Tahutmes III* se vante sur l'obélisque de Constantinople d'avoir étendu *ses demeures jusqu'en Mésopotamie* (*Naharaïn*), *et ses frontières jusqu'aux extrémités du monde*. Les pays qui envoyaient les tributs s'étendaient depuis *Kusch* jusqu'à *Babel*. Le prénom royal de *Tahutmes Ier* est rappelé à la 18e ligne c'est, en effet, ce roi qui le premier a porté les armes égyptiennes jusqu'en Mésopotamie, comme le montre l'inscription du capitaine *Ahmès Pennekheb* (A, nº 49) (1).

Ce monument, dont les hiéroglyphes sont admirables, a subi une singulière mutilation à une époque inconnue ; on a martelé avec soin la tête des hommes et de presque tous les animaux employés dans le cours de l'inscription. Le nom du dieu Ammon a de même été détruit scrupuleusement, comme sur les autres monuments du même temps.

52. — Stèle en pierre calcaire.

Haut. 0,51. — Larg. 0,39.

Dans le premier registre, *Hui*, accompagné de sa mère et de sa fille, fait une offrande à Osiris. Aménophis Ier, figuré en pied derrière Osiris, est associé à cet hommage. Ce roi a été vénéré pendant fort longtemps ; il est encore cité ainsi dans le

---

chéologique, une nouvelle interprétation de cette portion des annales de *Tahutmes III*. (Voyez *Rev. asiat.*, 1860, p. 298.)

(1) Les blocs retrouvés par M. Mariette ont fait voir que *Tahutmes III* rappelait en cet endroit la stèle que son père avait érigée en Mésopotamie en mémoire de son triomphe et comme limite de ses États.

tombeau de Ramsès Ier, de la xxe dynastie. Cette stèle peut donc appartenir à une époque postérieure à celle qu'indiquerait le cartouche du roi.

Hui avait une charge dans le navire du roi *Meri-ra* (celui qui aime le dieu Phré). Ce surnom appartenant particulièrement à *Tahutmes III*, il est probable que cette stèle a été gravée sous son règne. Dans le second registre, *Hui* et sa femme reçoivent les hommages de leurs enfants.

53. — Stèle en pierre calcaire.

Haut. 0,86. — Larg. 0,60.

Au sommet, le disque ailé, et sous cet emblème le prénom royal de *Tahutmes IV*. Le principal personnage, nommé *Pnaaku*, adresse son adoration à droite à Osiris, et à gauche au dieu *Ap-matenu*, residant à Abydos. Dans le second registre, on le voit à gauche recevant une libation de sa fille; à droite, c'est lui qui rend cet hommage à son père *Pen-amen* et à sa mère *Tahutmes*.

Pnaaku porte le titre de flabellifère de *Meramun*. Ce mot qui signifie *celui qui aime Ammon*, n'est point ici un nom propre, mais un des nombreux synonymes exprimant l'idée de *roi*.

Le nom d'Ammon est martelé sur cette stèle comme sur presque toutes celles de la même époque. Dans la dernière ligne est rappelé le roi *Amosis*, chef de la xviiie dynastie, sous son prénom royal, pour un don fait par lui de 1,200 mesures de terre.

54. — Stèle en pierre calcaire.

Haut. 0,64. — Larg. 0,55.

Au sommet de la stèle, on voit le prénom royal d'Aménophis III; il est placé de telle sorte qu'il remplace le disque du soleil et reçoit ainsi les honneurs de l'apothéose.

Osiris et Anubis, sur deux trônes adossés, reçoivent les adorations de deux Égyptiens dont les figures ont été martelées. De même, à la deuxième ligne le nom d'Ammon a été effacé.

55. — Stèle en pierre calcaire.

Haut. 1,49. — Larg. 0,88.

Le sommet est occupé par le vase, symbole de l'étendue, accompagné de deux lotus sur un autel. A droite et à gauche, les deux chacals, guides des chemins célestes du nord et du midi.

Les deux premières lignes de l'inscription contenaient une date avec la légende royale complète d'un roi de la XVIIIe dynastie, dont les cartouches ont été martelés avec soin, comme ici, sur tous les monuments. C'est celui dont Champollion a décrit le tombeau sous le nom de *Skai*. La devise de son enseigne royale  qui se lit *Tahen khau* et peut se traduire *la splendeur des diadèmes* ainsi que son prénom royal , *Ra kheperu ari-ma-t, soleil des deux mondes, faisant justice*, qui ont échappé au martelage (voir le nom de son palais, dans la dernière ligne), le font reconnaître ici avec certitude. Ce souverain, qui paraît avoir régné soit avant Horus, soit avant Ramsès Ier, fut traité en usurpateur. Son nom propre  paraît (1) se lire : *le père divin* (nom d'un ordre de prêtres) *Aï.*

(1) Ce nom royal ayant été mutilé avec acharnement, on a eu beaucoup de peine à rétablir sa véritable orthographe, en réunissant les portions échappées au martelage. On avait confondu le second caractère avec l'enfant qui porte également le doigt à sa bouche, ce qui avait fait lire ce nom : *Amesi* ou *Acheri;* mais le nom propre *Aï* n'étant pas rare sur les monuments, celui du roi doit être identique. La présence du personnage portant la main à sa bouche, symbole de la voix humaine, est une circonstance commune à tous les noms qui commencent par A.

Le dédicateur, nommé *Nekht-Khem*, commence par adresser sa prière à divers dieux. Il se vante ensuite de ce qu'il a fait pour plaire à son seigneur : *J'ai suivi le roi*, dit-il ; *j'ai fait, en vérité, tout ce qui lui plaisait, j'ai dit ce qu'il ordonnait ; j'ai veillé sur ma maison pour réjouir ses esprits ; j'ai prié de sa prière, chaque jour*. Il est facile de voir, dans ces expressions, le souvenir d'une époque où l'empire fut agité par divers partis.

La dernière phrase doit avoir trait aux dissensions religieuses qui troublèrent la fin de la XVIIIe dynastie ; *Nekht-Khem* était du parti de l'ancien culte national, ainsi que le roi *Aï* : il n'avait pas adopté le culte exclusif d'*Aten-ra*.

Il termine en invitant les prêtres qui visiteront son tombeau à répéter son acte d'adoration. Ce personnage était premier prophète d'Ammon et commandant des constructions du palais (1).

56. — Stèle en pierre en calcaire.

Haut. 0,95.

Amenemap, prêtre (?) d'Ammon, dans la demeure du roi *Aï*, et son fils *Kenamen*, qui porte le même titre, font un acte d'hommage à Osiris infernal.

Dans le second registre, *An* et sa femme *Raa* sont assis. *Api* (?) et *Tamena* leur font une libation. A droite, *Turo* et sa femme reçoivent des fleurs et une libation.

3e registre : A droite, *Amenemap* et sa femme *Aua*; devant eux, leur fils *Kenamen*, la tête rasée, leur rend hommage. A gauche, *Kauta* et sa femme *Honttoneb*; leur fils *Nebnofre* leur offre des fleurs et une libation ; deux filles qui les suivent se nomment *Ka* et *Tanaro*.

57. — Stèle en pierre calcaire.

Haut. 1,30. — Larg. 0,93.

Ce monument précieux fut découvert par Champollion à *Ouadi*

---

(1) Une stèle actuellement au Musée de Berlin et datée de la quatrième année du même roi, a été dédiée par le même individu, qui y prend le titre de *Suten rekh, véritable*.

Halfa, au fond de la Nubie. Il en explique une partie dans la première livraison des notices de son voyage. Le dieu Horammon, fils d'Isis, recevait dans le couronnement, maintenant brisé en partie, l'hommage de Ramsès Ier.

Dans l'inscription qui est datée de l'an II, le 20 *mechir*, ce souverain remercie *Ammon*, *Ptah* et tous les dieux de l'Égypte de lui avoir soumis tous les pays et de lui avoir fait vaincre les Libyens. Il se vante ensuite d'avoir fait une offrande très-riche au temple d'Horammon et d'avoir rempli cet édifice d'esclaves, fruit de ses victoires.

Dans les trois dernières lignes, que Champollion pensait avoir été ajoutées après coup, *Séti Ier*, fils de Ramsès, dit avoir décoré ce temple d'une porte aussi belle que l'horizon au lever du soleil. Il est possible que *Séti Ier*, ait été, dès ce moment, associé à la couronne de son père, qui fondait une nouvelle dynastie.

---

§ 5. — STÈLES SANS CARTOUCHES (XVIIIe DYNASTIE).

58. — Stèle en pierre calcaire.

Haut. 0,51. — Larg. 0,34.

Titiu, chef des pays de.......... fait une prière à *Osiris* et *Horammon*; son épouse *Hatschepu* reçoit dans le troisième registre, l'hommage de cinq personnes de la famille.

On y remarque un chef de l'autel d'Ammon, nommé *Abaa*.

59. — Stèle en pierre calcaire.

Haut. 0,64. — Larg. 0,47.

Elle a été érigée par le flabellifère *Muienhiku*. Ce nom, qui signifie *le lion des rois*, est une qualification spéciale d'*Amé-*

nophis III; elle fait partie de son protocole royal. Il n'est donc pas douteux que ce personnage ne soit né sous son règne. Son fils porte le nom de *Nohemmaschuf* (celui qui sauve ses soldats).

60. — Stèle en pierre calcaire.

Haut. 0,65. — Larg. 0,40.

Une moitié du disque ailé est remplacée sur cette stèle par un des yeux mystiques. L'inscription est une prière adressée à Osiris et à d'autres dieux par *Nebamun*, flabellifère du *meramun*, c'est-à-dire du roi.

61. — Stèle en pierre calcaire.

Haut. 0,67. — Larg. 0,42.

Les figures sont en relief, les hiéroglyphes en creux peints en bleu, le champ de la stèle peint en jaune.

Les enfants du flabellifère *Paari* offrent à leurs parents des vases à libations. La mère se nomme *Hatschepu*, comme la régente, fille de *Tahutmes Ier*; l'un des fils se nomme *Amenhotep*. Ces deux noms précisent bien l'époque du monument.

62. — Stèle en pierre calcaire.

Haut. 0,48. — Larg. 0,32.

Ramès, fils de *Aabau*, en prière devant la triade divine d'*Osiris*, *Isis* et *Horus*. La reine *Ahmesnofreari* est associée à ces divinités.

63. — Stèle en pierre calcaire.

Haut. 0,78. — Larg. 0,59.

On voit, sur le premier registre à gauche, un Égyptien nommé *Nunnu*, qui reçoit une offrande de sa fille *Hatschepu*; derrière lui, sa mère nommée *Atef*. A gauche, *Toti*, *flabellifère du meramun*, et sa femme *Hont*. Leur fils *Sémaut* fait une libation devant eux. Le second registre est rempli par leur famille. L'inscription qui termine la stèle est une prière pour *Toti*, qui se vante d'avoir servi le roi dans le nord et le midi. Le nom d'Ammon a été martelé en divers endroits. Les personnages sont peints des couleurs naturelles, les hiéroglyphes sont bleus.

64. — Stèle en pierre calcaire.

Haut. 0,61. — Larg. 0,51.

Les personnages sont peints des couleurs naturelles et les hiéroglyphes rehaussés de bleu. Un *basilicogrammate*, *favorisé du roi*, nommé *Aménophis* (?), invoque, dans le premier registre, Osiris infernal. Son nom a été effacé partout parce qu'il était composé avec celui du dieu Ammon. L'inscription est une prière à Osiris et à Horus. On remarque au sommet le groupe  entre les deux yeux symboliques. Ce groupe, qui signifie *le très-bon*, tient ici la place du disque ailé, symbole du grand dieu du ciel.

65. — Stèle en pierre calcaire.

Haut. 0,61. — Larg. 0,44.

Les noms des personnages principaux de cette stèle ont été martelés, parce qu'ils renfermaient celui d'Ammon. On peut encore lire celui de l'hiérogrammate *Amenemap*, surnommé *Penahsi*. L'autre personnage prend les qualités suivantes : *prophète de la déesse Uer-t-heku, athlophore à la droite du roi, résidant dans le cœur du dieu bienfaisant........, celui qui s'approche chaque jour du roi*. Ces qualifications sont suivies de quatre lignes d'un style tout particulier et qui semblent appartenir à une écriture secrète ou mystique (1). Vient ensuite la mention que la stèle a été dédiée par *Amenemap*, prêtre de Ptah, fils du défunt.

---

(1) Le Musée de Leyde possède une stèle du même style où l'on remarque également quatre lignes d'une écriture toute semblable. (Voyez Leemans, *Catalogue du Musée de Leyde*, v. 93.)

5.

66, 67. — Fragments de deux piliers en pierre calcaire.

N° 66, haut. 1m,27. — N° 67, haut. 1m,28.

Ces deux fragments faisaient partie d'un monument (une porte d'hypogée) dédié par *Huïschera*, de *Saïs*, *grammate du trésor*. Chaque fragment contient sur une de ses faces une prière à Osiris, Horus, etc. Sur l'autre face, le bloc n° 66 contient une belle invocation au soleil levant, et le n° 67 une hymne semblable au soleil couchant, sous le nom d'*Atmu* (v. p. 40).

68, 69, 70. — Ces trois numéros composent la porte d'un petit hypogée.

Hauteur des deux montants, 1m,10. — Hauteur du ceintre, 0,53. — Largeur, 0,92.

Dans le cintre (68), *Horem-hebi* est en adoration; il était *basilicogrammate, favorisé du roi et grand chef de soldats*. Les légendes sont des prières adressées aux deux dieux *Ap-matenu* du nord et du midi. Sur le montant (69), prière au dieu Horus, vengeur de son père. Sur le fragment correspondant (70), *Horem-hebi*, qui prend le titre de *flabellifère à la droite du roi*, fait une autre prière à *Osiris, roi éternel; Ap-matenu* et *Hathor*.

71. — Stèle en pierre calcaire.

Haut. 1m,02. — Larg. 0,46.

Au sommet, le disque ailé; une des ailes est remplacée par un des yeux mystiques. Les personnages sont peints, les hiéroglyphes rehaussés de bleu.

Premier registre : la triade d'Osiris, Isis et Horus, sous la forme d'un épervier. Deuxième registre : *Bekenamun*, *basilicogrammate*, *favorisé du roi*, fait une offrande à son père *Sennofre* et à sa mère *Apu*. Le nom d'*Ammon* a été martelé.

72. — Stèle en pierre calcaire.

Haut. 0,70. — Larg. 0,53.

Amenhotep, surnommé *Hui*, est assis entre son père *Amenmes* et sa mère *Nubnofre*. Les autres personnes composent leur famille. Le nom d'Ammon n'a échappé qu'une fois au martelage; on a même martelé le nom propre *Mena*, à cause du rapport qu'il présente avec le nom d'*Ammon*.

73. — Stèle en pierre calcaire.

Haut. 0,52. — Larg. 0,37.

Premier registre : Osiris et Isis reçoivent l'offrande d'*Anhurmes*. Deuxième registre : *Anhurmes*, assis avec sa femme *Tomeri*, reçoit les offrandes de son fils *Smento* et de sa fille *Ennub*. *Anhurmes* était attaché au culte du dieu *Anhur*. On remarque une fille du nom de *Hat-Schepu*, ce qui semble indiquer l'époque des *Tahutmes*.

74. — Stèle en granit rose taillée en forme de porte.

Haut. 1m,45. — Larg. 0,80.

Rekhmara et sa sœur *Meri* sont assis devant une table d'offrandes. L'inscription du pourtour est une prière à Amon-ra pour le défunt, qui prend les titres de noble chef, docteur, prophète de la déesse *Ma* et chef de district.

Le nom d'Ammon a été martelé en deux endroits. Les hiéroglyphes étaient inscrustés en vert (1).

75. — Stèle en pierre calcaire, taillée en forme de porte.

Haut. 0,57. — Larg. 0,40.

Amenhotep, *basilicogrammate*, *favorisé du roi*, *chargé des greniers dans les demeures du nord et du midi*, reçoit les hommages d'un personnage du même nom, son fils probablement. Celui-ci a le costume sacerdotal, la peau de panthère : il était *basilicogrammate*, *favorisé du roi*.

---

(1) Un personnage de même nom possédait à Gournah un magnifique tombeau. (V. Hoskins, AEtiopia, Planches et Champollion, *Notices*, pag. 506 et suivantes.)

76. — Stèle en pierre calcaire, taillée en forme de porte.

Haut. 1^{m},30. — Larg. 0,85.

Osiris, assis dans un riche naos, écoute les prières de deux Égyptiens. Le premier était le basilicogrammate *Aï*, qualifié *l'ami du maître des deux mondes, favorisé du dieu bienfaisant*. Son fils *Ronaro* était *enfant de la maison* (*page ?*). Il n'a pas de barbe et offre des fleurs et des oiseaux. Dans le second registre, *Aï*, assis et tenant le sceptre *pat*, reçoit l'hommage de *Maia* sa mère et de *Pipui* sa sœur. *Aï* a le titre *de basilicogrammate des bons jeunes gens* (jeunes soldats), et celui *des yeux du roi dans toutes les demeures*. Au bas de la stèle, prière à Ptah-Sokar-Osiris.

77. — Stèle en pierre calcaire, taillée en forme de porte.

Haut. 1^{m},50. — Larg. 0,85.

Osiris et le dieu *Ra* (soleil), chacun dans leur naos, reçoivent les prières d'*Amenuahsu*. Le titre de ce personnage était : *le supérieur des voiles de la flotte royale du meramun*. Il est écrit une fois d'une manière plus abrégée : *le chef des voiles du roi*. Sur la partie supérieure de la porte, *Amenuahsu* adore Anubis sous la forme d'un chacal, et Horus sous la forme d'un lion à tête d'épervier.

78. — Stèle en pierre calcaire.

Haut. 0,64. — Larg. 0,42.

Au sommet, l'anneau et le vase entre les deux yeux d'Horus. Premier registre : Osiris, assis dans un naos, reçoit les hommages d'une famille entière. Le premier personnage est le basilicogrammate *Meriui*; le second est son père, nommé *Uetu* (?); il était chef des *Keneb*. C'était le nom d'une des parties de l'armée égyptienne. Deuxième registre : *Uetu* et sa femme *Apu* reçoivent l'hommage de deux filles nommées *Takha* et *Nubnofre*. Les figures sont peintes et les hiéroglyphes sont rehaussés de bleu.

79. — Stèle en pierre calcaire.

Haut. 0,40. — Larg. 0,26.

Usurha, basilicogrammate, rend hommage à Osiris ; il est accompagné de ses sœurs *Chat* et *Serhat*. Deuxième registre : *Hati* et sa femme *Nofre-ari* reçoivent l'hommage d'autres personnes de la famille. Le nu des femmes est peint en rose sur cette stèle et sur un petit nombre d'autres, au lieu de la couleur jaune employée ordinairement (1). La prière à Osiris, qui termine la stèle, est inachevée; elle était probablement complétée par quelques mots hiératiques qui ont été tracés à l'encre sur la tranche gauche.

80. — Stèle en pierre calcaire, taillée en forme de porte.

Haut. 0,97. — Larg. 0,77.

Les personnages sont peints, le fond de la stèle est jaune. Dans le premier registre, *Puëri*, basilicogrammate, offre des bouquets de lotus et de papyrus à Osiris assis dans un naos ; plus bas, lui-même reçoit les offrandes de sa famille. Sur les montants on lit la dédicace faite par son fils *Ptah-meri*.

81. — Stèle en pierre calcaire.

Haut. 0,55. — Larg. 0,38.

Dans le premier registre, un personnage, qui se nommait *Mai*, fait hommage à Osiris. Les personnages étaient peints et les hiéroglyphes rehaussés de bleu. Plus tard, un individu, qui paraît se nommer *Khamuas*, usurpa la stèle et en effaça une partie, pour la dédier à ses propres parents.

82. — Stèle en pierre calcaire.

Haut. 0,57. — Larg. 0,40.

Premier registre : un naos richement décoré; Osiris y siége,

---

(1) Cette couleur rose peut provenir du mélange avec des femmes étrangères, introduites à la suite des conquêtes des Pharaons. La reine *Taïa*, femme d'Amenophis III, présente un exemple remarquable de la couleur rose dans les peintures de son tombeau.

et reçoit l'hommage de *Ua*, *grammate de la cavalerie*. Deuxième registre ; à droite, le même *Ua* et *Miane*, qui était sa sœur et sa femme : à gauche, leur fils *Teti*, *Maï* et sa sœur *Taia*. Au bas de la stèle, la dédicace par *Maï*, grammate de l'armée.

83. — Stèle en pierre calcaire.

Haut. 0,38. — Larg. 0,26.

Nubenamenha fait une offrande à sa mère, nommée *Nubenamenma*.

84. — Stèle en pierre calcaire.

Haut. 0,35. — Larg. 0,31.

Osiris reçoit l'hommage de *Mahu* et de *Ramus*, sa femme. Dans le deuxième registre, *Ptahmes* leur rend hommage.

Les hiéroglyphes sont fortement colorés en bleu, les hommes sont peints des couleurs naturelles.

85. — Stèle en pierre calcaire, sculptée sur les deux faces.

Haut. 0,44. — Larg. 0,29.

Sur la face principale, *Ameni*, chef des embaumeurs, adresse une prière au dieu *Ptah* ; sur l'autre, la dame *Hathorse*, accompagné de sa fille *Ptahse*, fait une offrande au même *Ameni*, son époux. Plus bas, c'est le fils du même individu, nommé *Ameni* comme son père, qui lui rend hommage : on remarque que, dans cette partie, les inscriptions sont rétrogrades.

86. — Stèle taillée en forme de porte, sculptée sur les deux faces et sur les tranches (1).

Haut. 0,32. — Larg. 0,185.

Sur la face principale, une déesse nommée  est représentée de face, debout sur un lion passant. Le nom de

(1) Cette stèle a été transportée au premier étage, salle des Dieux, armoire K.

cette déesse se lit *Katesch*. Elle tend d'une main un bouquet de papyrus à *Hor Ammon, générateur de sa mère*, et de l'autre un serpent au dieu *Reschepu*, que l'on croit avoir été un dieu guerrier. *Katesch* porte le même nom qu'une place forte de Syrie qui joue un grand rôle dans les campagnes des rois d'Égypte : elle semble donc une divinité importée à la suite des expéditions asiatiques. *Katesch* est ordinairement attachée au dieu *Reschepu* et à la déesse *Anta*, qui n'est qu'une forme guerrière de la même divinité. Au-dessous, *Hui* et son fils *Seb* sont dans l'attitude de la prière. *Hui* était *auditeur dans le palais de justice*.

Sur la face postérieure, toute la famille adresse des prières à la déesse *Katesch*.

On remarque sur la tranche droite un personnage nommé *Uatmes*, comme l'un des princes de la famille du roi Amosis.

Anta a été assimilée, avec toute certitude, à la déesse syrienne *Anat* et son nom de *Katesch* est également sémitique et signifie *la sacrée*. *Reschepu* a aussi sa place parmi les divinités phéniciennes. On voit par cette stèle et par quelques autres monuments, qu'un temple avait été élevé à Thèbes en l'honneur de *Katesch*, divinité éponyme de la place forte la plus importante de la haute Syrie et des autres dieux qui l'accompagnaient. Toute la famille citée sur notre stèle, quoique de race égyptienne, était vouée à ce culte étranger.

La coiffure de la déesse principale montre qu'on l'avait assimilée à *Hathor*, la Vénus égyptienne. Quant à *Reschepu*, i porte la mitre conique, coiffure spéciale des princes de *Khet*, et qui est attribuée aussi au dieu syrien, *Sutekh* : seulement la mitre de *Reschepu* est ornée d'une tête de gazelle entière, tandis que celle de *Sutekh* n'a que de petites cornes.

87. — Stèle en pierre calcaire.

Haut. 0,93. — Larg. 0,51.

Osiris sur son trône, et accompagné d'Isis, reçoit les hommages de *Seb attaché au culte d'Osiris*.

Dans le second registre, *Seb* et sa sœur *Tentanhur*, attachée au culte du dieu *Anhur*, sont vénérés par leur famille. *Tentanhur* tient un sistre dans la main droite, et dans la main gauche un collier avec son contre-poids. On remarque parmi leurs enfants le *grammate Hui*, portant la peau de panthère, et *l'écuyer Horus*. Le nom du dieu *Anhur* revient très-souvent et montre que cette famille l'honorait plus particulièrement.

88. — Stèle en forme de porte en granit rose.

Haut. 0,99. — Larg. 0,53.

Le nom du principal personnage est *Nofrerenpé* (?). Il était chargé des chantiers du temple d'*Ammon ;* sa sœur s'appelait *Sera*. On les voit l'un et l'autre assis dans le rectangle au-dessus de la porte. On lit sur les montants une prière adressée aux dieux *Ammon* et *Ra*.

89. — Stèle en pierre calcaire.

Haut. 0,49. — Larg. 0,33.

Ani, basilicogrammate, heb supérieur, chef du temple, fait des offrandes à Osiris et à Isis. Il est revêtu de la peau de panthère. Cette stèle est remarquable par ses hiéroglyphes sculptés en relief.

Dans le registre inférieur, *Khamuas* fait une libation devant le *grand favorisé du roi, Hui*.

90. — Stèle en pierre calcaire.

Haut. 0,53. — Larg. 0,30.

Au sommet, l'anneau entre les deux yeux d'Horus. L'inscription est une prière à Osiris pour *Asennu* et sa femme *Tutu*. Le personnage assis paraît avoir été peint en blanc, les hiéroglyphes sont bleus.

91. — Stèle en terre cuite couverte en entier d'un émail vert.

Haut. 0.56. — Larg. 0,27.

Elle est en forme de porte avec un fronton. Le scarabée solaire, aux aîles étendues et le disque sur la tête, occupe le sommet. Il est dans une barque, au-dessus de laquelle on voit trois personnes accroupies et deux âmes qui l'invoquent. Au centre du monument, *Kha-em-pe*, prêtre de Ptah, adore Ra et Osiris.

Dans le bas, trois dames et un homme à genoux s'associent à cet hommage. (1)

---

§ 6. — STÈLES DE LA XIXe DYNASTIE AUX PTOLÉMÉES.

PORTANT DES NOMS DES SOUVERAINS.

Les monuments élevés par le roi *Séti Ier*, chef de la XIXe dynastie, sont tous d'une grande beauté. Dans les stèles de particuliers que possède le Musée, les figures méritent mieux cet éloge que les hiéroglyphes. Sous son fils *Ramsès II*, la décadence est marquée à un degré incroyable, et, quoique ce roi ait fait exécuter de si beaux monuments, les stèles des particuliers sont en général d'une grossièreté remarquable sous son règne. Il semble que les immenses travaux du roi aient absorbé toutes les forces des artistes possédant quelque mérite.

On n'est pas bien d'accord sur l'époque de la XIXe dynastie. Les uns font commencer le règne de *Séti Ier*, le Séthos de Manéthon, vers l'an 1500 ; les autres, vers l'an 1350 av. J.-C.

On trouve dans toute la longueur de cette période, même parmi les monuments dédiés par les particuliers, des exceptions heureuses et qui montrent que quelques artistes conservaient les bonnes traditions.

---

(1) Cette stèle a été transférée dans la salle des Dieux, armoire B.

92. — Stèle en pierre calcaire, figures très-fines, sculptées en relief et en relief dans le creux.

Haut. 1m,36. — Larg. 0,95.

Le sommet est occupé par la triade d'Osiris, Isis et Horus ; ils sont accompagnés du dieu chacal, gardien du chemin du du midi. Ces dieux sont sculptés et peints.

Dans le premier registre, un personnage appelé *Rere* adresse sa prière à Osiris. Au milieu de ses pompeuses qualifications, on distingue les titres de *basilicogrammate, grand favori du roi, intendant du palais* et *chef de la cavalerie*. Sa sœur, la dame *Sekhet*, était attachée au culte d'Ammon. Tous les deux sont revêtus de la longue robe transparente et portent la coiffure à longs et minces tuyaux. *Sekhet* tient le sistre et fait une libation. On avait peint quelques caractères hiératiques auprès de la tête de *Rere*.

Deuxième registre : *Rere* et *Sekhet* reçoivent la libation et l'encens présentés par un fils qui avait la dignité de *heb* et dont le nom n'a pas été tracé; il est suivi de leurs cinq filles : l'une se nomme *Rannu*, la seconde *Tauser*.

Troisième registre : *Bakaa*, , père de *Rere*, et sa mère *Hentanu*, avec six autres personnages sans nom.

On voit dans le second registre le prénom royal de *Séti Ier*, employé pour indiquer la demeure royale, ce qui permet de préciser l'époque de la stèle.

93. — Stèle en pierre calcaire, les figures et les hiéroglyphes rehaussés d'une teinte jaune uniforme.

Haut. 0,80. — Larg. 0,52.

Premier registre : *Nianaï*, chef militaire de la demeure de *Séti Ier*, adore la triade d'Osiris, Isis et Horus. Deuxième registre : à droite, le même personnage présente des pains à son père et à sa mère : à gauche, lui-même, assis à côté de sa femme *Hentnofre*, reçoit une libation présentée par son frère *Nebuer*. Le troisième registre est rempli par d'autres personnes de sa famille.

94. — Fragment d'une stèle en granit gris, sculptée en relief dans le creux.

Haut. 0,41. — Larg. 0,32.

Ramsès-le-Grand fait l'offrande du vin au dieu *Ra* et à la déesse *Hathor*. Sur la tranche gauche, fragment d'une inscription où était mentionné *le grand rempart de Ramsès II, à Héliopolis* (1).

95. — Stèle en pierre calcaire.

Haut. 0,80. — Larg. 0,61.

Khetef, suivi de sa sœur *Tauer*, adore la Triade divine d'Osiris. Il était *capitaine des nautonniers* sous Ramsès II.

96. — Stèle en pierre calcaire.

Haut. 0,55. — Larg. 0,37.

Bek offre à Osiris l'encens enflammé et une libation (le feu et l'eau?). *Bek* était *premier écuyer* de Ramsès II. Dans l'inscription qui termine la stèle il a le titre de *chef de l'écurie royale*.

97. — Stèle carrée en grès.

Haut. 1m,10. — Larg. 1m,01.

Cette stèle appartient à une famille où la dignité de grand prêtre d'Osiris, à Abydos, était héréditaire et qui nous est déjà connue par les statues nos 63 et 64. Les quatre premières figures en très-haut relief représentent les dieux *Osiris* et *Ra*, accompagnés d'*Isis* et d'*Hathor*.

Les quatre autres sont *Unnofre* et *Meri* son père, tous deux grands prêtres d'Osiris, sous Ramsès II; à droite, *Maanaï*, mère d'*Unnofre*, et *Taia*, son épouse attachée au culte d'Isis.

---

(1) Ou peut-être *Derry* en Nubie; ces deux villes ont le même nom hiéroglyphique.

98. — Stèle en pierre calcaire.

Haut. 0,95. — Larg. 0,63.

Cette stèle a été dédiée par *Unnofre*, grand prêtre d'Isis, petit-fils du grand prêtre *Unnofre* du numéro précédent. Son père *Iuiu* avait succédé à *Unnofre* dans sa charge de grand prêtre d'Osiris, à Abydos (*voy.* la statue nº 64).

99. — Stèle en pierre calcaire.

Haut. 0,95 — Larg. 0,63.

La triade d'Osiris, Isis et Horus est accompagnée d'Hathor, qui apparaît sous la figure d'une vache sortant de la montagne d'Occident. Ces dieux reçoivent les hommages de *Khonsu*, grammate du trésor royal sous Ramsès II. Celui-ci est accompagné de sa sœur Isis. Leur fils *Psar* était grammate du palais; un second, *Khonsu*, comptable des greniers. Leur famille remplit les quatre registres suivants.

100. — Stèle en pierre calcaire; personnages gravés en relief.

Haut. 0,44. — Larg. 0,40.

Cette stèle, d'une admirable finesse, présente un problème historique qui n'a pas encore été résolu d'une manière complète. La déesse *Maut* est invoquée par un roi dont la figure a été soigneusement effacée. Son prénom royal [hiéroglyphes] est pareil à celui de *Tahutmes III*, mais son nom propre était bien différent. Il a été martelé avec tant de soin qu'il est impossible de le lire. Son nom d'enseigne [hiéroglyphes] (*celui qui réunit les deux régions*), et sa légende [hiéroglyphes] (*celui qui a multiplié les batailles*), sont aussi très-différents des légendes de *Toutmès III*, et semblent néanmoins indiquer un personnage qui aurait joué un rôle historique important.

On sait qu'un prince de la famille du roi *Péhor* de la XXIe dynastie a porté le même prénom royal  : nous avions d'abord pensé que cette stèle lui appartenait, parce que les noms des princes de cette famille sont martelés avec soin sur les monuments.

Mais on a observé avec raison que le nom propre n'était pas martelé tout entier, la lettre 𓇌 *i* qui le terminait a été respectée. Il semble qu'on n'ait voulu dégrader ce beau monument que le moins possible, tout en exécutant une prescription. Il en résulte que le caractère détruit était probablement une figure du dieu *Set* et que le nom royal se lisait *Seti*. Ce serait alors le roi *Séti III*, celui que Manéthon nomme *Zeth* et celui qui est indiqué par Hérodote sous le nom de *Sethos*, comme ayant repoussé Sennacherib. La devise de son enseigne royale a de l'importance, elle indiquerait que l'Egypte, très-divisée vers cette époque, aurait pour un instant, recouvré son unité devant l'invasion assyrienne.

Le roi, les deux bras pendants, recevait le signe de la vie ☥ que lui tendait la déesse *Maut*, la mère suprême, épouse d'Ammon. Une princesse fille de ce roi est debout derrière lui, tenant le sistre : sa légende gravée auprès d'elle la nomme *la fille royale*, *la palme d'amour*, *la prophétesse de Maut et d'Hathor, Mautiritis* (ou *Moutartaïs*). L'inscription, malheureusement fruste, qui termine la stèle, parle des charmes de la princesse : *Elle a la palme de l'amour parmi les hommes et parmi les femmes, le noir de ses cheveux est le noir de la nuit*, etc. Cette princesse doit avoir joué un rôle important à Thèbes ; il n'existe peut-être pas un second exemple, à cette époque, du titre de *prophète* donné à une femme.

101. — Stèle en pierre calcaire.

Haut. 0,41. — Larg. 0,28.

Pétamenap, fils de *Pakame*, adresse une prière à la déesse

Ament (l'occident et l'enfer). Derrière la déesse est son enseigne. Cette inscription offre un échantillon des trois écritures égyptiennes; la légende du personnage est en hiéroglyphes. Deux inscriptions, l'une hiératique, l'autre démotique, occupent alternativement les lignes du bas de la stèle. Le nom de *Pétamenap* se trouve dans la seconde ligne hiératique. Cette inscription est datée de l'an III du roi *Psammétik* (XXVIe dyn.)

---

§ 7. — STÈLES ENTRE LA XIXe DYNASTIE ET LES PTOLÉMÉES,

SANS NOMS DE SOUVERAINS.

102. — Stèle en pierre calcaire.

Haut. 0,67. — Larg. 0,42.

Premier registre : triade d'Osiris, Isis et Horus : *Uermu, gardien des magasins (?) du roi*, leur offre un autel chargé d'offrandes. Deuxième registre : à droite, *Uermu* et sa femme *Taament* reçoivent la libation présentée par leur fils *Rameri*; à gauche, lui-même offre des fleurs et une libation à son père *Raer* et à sa mère *Uernaro*. Le troisième registre est occupé par un basilicogrammate nommé *Anaï* et sa sœur *Raï*. Le bas de la stèle est rempli par une invocation à Osiris au nom de *Uermu*. Les figures et les hiéroglyphes sont uniformément peints en jaune, comme sur la stèle n° 93 du règne de *Séti* Ier.

103. — Stèle en pierre calcaire.

Haut. 0,35. — Larg. 0,23.

Le flabellifère *Psar*, accompagné de sa femme *Auï* et de son fils *Khaï*, fait une adoration aux dieux *Anubis* et *Ap-Matenu*. Les registres inférieurs contiennent sa famille.

104. — Stèle en granit gris.

Haut. 0,29. — Larg. 0,20.

Unnofre, prophète d'Osiris, adore la triade divine, composée d'*Osiris*, d'*Isis* et d'*Horus*; dans le second registre il est agenouillé devant le dieu *Ptah*.

105. — Stèle en pierre calcaire.

Haut. 0,87. — Larg. 0,57.

Adoration à Osiris et à Isis, adressée par un *grammate de la table* (sommelier) nommé *Aïa;* sa femme *Anub* était attachée au culte d'Ammon. Cet exemple et plusieurs autres semblables prouvent que ces prêtresses n'étaient pas vouées à un célibat perpétuel; *Taka*, sa mère, avait le même titre ainsi que quatre de ses filles. D'après les dernières observations de M. Brugsch, ce titre indiquerait seulement le droit que possédaient ces dames de faire partie des chœurs de chanteuses dans les panégyrias d'Ammon. Son fils *Khamtair* eut la même charge de *sommelier*, ou *grammate de la table*. Les deux registres inférieurs sont remplis par d'autres personnes de la même famille.

106. — Stèle en pierre calcaire.

Haut. 0,72. — Larg. 0,50.

La triade d'*Osiris*, *Isis et Horus* est adorée par *Ankhef*, suivi d'une nombreuse famille.

107. — Stèle en pierre calcaire, taillée en forme de porte.

Haut. 0,55. — Larg. 0,44.

Elle a été dédiée par *Pamau* et sa femme *Taroten-Sekhet;* ces deux personnages y rappellent leurs ancêtres jusqu'à la 5e génération. Cette famille était vouée au sacerdoce dans le temple de *Méhi*, déesse à tête de lionne, qui semble être une forme de *Sekhet*.

108. — Stèle en pierre calcaire, taillée en forme de porte.

Haut. 0,64. — Larg. 0,41.

Tout en haut, une invocation à Osiris pour *Nofrerenpe gardien du trésor*. Premier registre : *Osiris*, *Isis* et *Nephtys* adorés par le gardien du trésor *Roma :* plus bas, dix-neuf personnes sont rangées devant la déesse *Nut*, qui, du milieu de son sycomore, leur distribue l'eau céleste. Les âmes de *Nofrerenpe* et de sa sœur *Nofreeit* s'approchent d'elle, sous la forme d'éperviers à tête humaine, pour participer à cette faveur.

109. — Stèle en pierre calcaire.

Haut. 0,27. — Larg. 0,18.

Kames, fils d'un grammate dont le nom est effacé, est assis devant une table d'offrandes, et respire une fleur de lotus.

110. — Stèle en pierre calcaire.

Haut. 0,55. — Larg. 0,40.

Au sommet, le disque ailé. Un gardien ou inspecteur de bestiaux appartenant à Ammon, nommé *Khonsiritis*, et son épouse, adorent Osiris et Isis. Le champ de la stèle est peint en jaune.

111. — Stèle en grès.

Haut. 0,50. — Larg. 0,23.

Érigée pour *Kake*, fils de *Hathorit*. Elle contient une prière à Osiris.

112. — Stèle en marbre.

Haut. 0,86. — Larg. 0,50.

Au-dessous du globe ailé on voit deux chacals qui remorquent la barque du soleil. Plus bas, *Horus*, *grammate* d'*Ammon*, adore les dieux Phré, Osiris, Horus et Isis. L'inscription de seize lignes est une prière à divers dieux. Style saïte.

113. — Stèle en granit.

Haut. 0,455. — Larg. 0,335.

Peteschahetet, fils d'Horus, offre une libation au dieu Ammon.

114. — Stèle en pierre calcaire.

Haut. 0,43. — Larg. 0,31.

Au sommet, le disque ailé; au-dessous, l'eau ≋ et le vase; à droite et à gauche, les deux chacals. *Ameniritis, chef des chasses au filet du domaine d'Ammon*, présente une table chargée d'offrandes au dieu *Ra*. Sur le bandeau extérieur, à droite et à gauche, prières au soleil levant et au soleil couchant, invoqués sous les noms de *Ra* et de *Atmu*. *Ameniritis* est coiffé d'une calotte.

115. — Stèle en pierre calcaire.

Haut. 0,33. — Larg. 0,31.

Au sommet, le disque ailé accompagné des deux yeux d'Horus. Le prophète d'Ammon, *Psametik*, fils de *Petekhons*, adore le dieu *Ra* qui est suivi d'Isis Ptérophore et des quatre génies; dans le dernier registre, il s'adresse au dieu *Ra* et au dieu *Atmu*, le soleil levant et le soleil couchant. Toute la gravure est rehaussée d'une couleur rose.

116. — Stèle en pierre calcaire.

Haut. 0,39. — Larg. 0,27.

Au sommet, le disque ailé, finement gravé et peint. Au-dessous, un des yeux d'Horus, un pain sacré, le vase, symbole d'étendue, et les deux chacals gardiens du nord et du midi.

Anasch et *Iseuëri*, sa mère, adorent le dieu *Anhur*, suivi d'*Isis* et d'*Osiris*. *Anasch* était *grammate* du trésor du dieu *Anhur-Schu, fils du Soleil*, et prophète de *Tafné*, dans le temple de *Touni* (1) : sa mère était *assistante de Tafné*.

117. — Stèle en pierre calcaire.

Haut. 0,42. — Larg. 0,31.

Au sommet, le disque ailé, le vase et les deux chacals. Plus

(1) Cette indication doit se rapporter à *Thinis*, chef-lieu du nome d'Abydos, où *Anhur* était le dieu principal.

bas, les dieux *Osiris*, *Anhur*, *Sokarosiris*, *Isis*, *Nephthys*, *Horus* et *Anubis* reçoivent les adorations d'un prêtre d'*Anhur*, nommé *Anima*, fils de *Tentenhor*.

Donné par Champollion, en 1827.

118. — Stèle en pierre calcaire.

Haut. 0,30. — Larg. 0,23.

Osiris, suivi des quatre génies de l'*Amenti*, est imploré par *Uah-ab-ra*, fils d'*Iriu*; la prière est adressée à Osiris et au dieu soleil *Harhat*.

---

§ 8. — STÈLES ET INSCRIPTIONS

DE L'ÉPOQUE PTOLÉMAÏQUE.

On rencontre quelquefois à cette époque des stèles où les inscriptions sont gravées avec une extrême finesse, mais les hiéroglyphes n'ont pas conservé leur beau caractère pharaonique et ils sont souvent tassés d'une manière excessive.

119. — Stèle en pierre calcaire.

Haut. 0,49. — Larg. 0,35.

Au sommet, le signe , *bon*, accompagné des deux yeux d'Horus. L'inscription hiéroglyphique est une invocation à Osiris, à *Osarapi* (*Sarapis*), à *Isis* et à *Imhotep*, fils de *Ptah*, pour un hiérogrammate, prophète d'*Horus*, nommé *Nebankh*, fils de l'hiérogrammate *Psametik* et de la dame *Tarot*.

L'inscription démotique répète le nom et les titres de *Nebankh*.

120. — Beau fragment de basalte surmonté de 10 étoiles.

Haut. 1m,39. — Larg. 0,27.

Le capitaine *Horimhotep*, fils de *Heribaset*, adresse une invocation au dieu infernal.

121. — Stèle en granit noir.

Haut. 0,40. — Larg. 0,32.

Un roi, dont les cartouches n'ont point été gravés, fait offrande de la déesse *Ma* (la Justice) à la triade thébaine, composée d'*Ammon-ra*, de la grande mère *Maut* et de *Khons*, leur enfant.

122. — Fragment de stèle en basalte vert foncé.

Haut. 1m,95. — Larg. 0,40.

Cette stèle, rompue verticalement, contenait un décret analogue à celui de Rosette et trilingue comme ce dernier. La surface en est presque entièrement usée. Il servait de seuil à la mosquée *Djema émir Kour*, au Caire. Quelques mots grecs déchiffrés par M. Letronne, et qui ne se trouvent pas dans l'inscription de Rosette, montrèrent à ce savant que ce n'était pas le même décret; en effet, on y distingue le cartouche d'une reine (Arsinoë). Quelques mots peuvent être reconnus dans les trois versions, malgré l'extrême usure de la pierre. On voit, en haut, les traces d'un grand disque ailé; plus bas était une série de personnages divins. On reconnaît, vers la fin du texte hiéroglyphique, la prescription de graver le décret dans les trois écritures (1).

(1) La récente découverte du décret trilingue de Canopus, trouvé à Tanis, a permis de constater que notre fragment appartenait à un exemplaire du même décret.

123. — Fragment d'inscription sur une plaque de granit noir.

Haut. 0,56. — Larg. 0,41.

Il reste les tronçons de onze lignes. On y remarque les cartouches de Ptolémée et d'Arsinoë (Philadelphe) sans surnoms. La ligne 10e dit que les prêtres et les prophètes du temple de *Neit* se sont rassemblés au palais de Sa Majesté et lui ont tenu un discours. On trouve dans l'inscription, la mention de l'an 20e de ce règne.

124. — Stèle en pierre calcaire.

Haut. 0,50. — Larg. 0,35.

Au sommet, le disque ailé, orné de deux uræus portant les couronnes de la haute et basse région. On voit ensuite une triade composée d'Osiris avec ses deux *sœurs Isis et Nephtys*. L'inscription datée de l'an XL, le premier de Tobi (de Ptolémée Philométor (?), rappelle l'embaumement du prêtre de *Ptah et de tous les dieux du mur blanc à Memphis, l'hiérogrammate Heri*, fils de *Kaankh*, qui vécut 43 ans et 5 mois. Les mêmes noms sont répétés dans l'inscription démotique.

---

§ 9. — STÈLES ET INSCRIPTIONS BILINGUES, GRECQUES, LATINES OU COPTES.

125. — Stèle en terre cuite, très-basse époque.

Haut. 0,37. — Larg. 0,30.

Anubis, suivi d'Horus, d'Osiris et d'Issis. Un personnage de face paraît avoir été remis après coup. Le dédicateur s'appelait *Anoubavion*. En bas, une ligne et demie d'écriture démotique.

126. — Partie d'une inscription métrique, gravée sur le second doigt de la patte gauche du grand sphinx.

Elle fut découverte et copiée par le capitaine Caviglia en 1816. M. Letronne a restitué et traduit cette inscription dans ses Inscriptions grecques de l'Égypte (t. II p. 482).

Elle contient les louanges du sphinx, qu'elle appelle le gardien d'Osiris (1).

127. — Stèle avec inscription bilingue, d'une basse époque.

Haut. 0,36. — Larg. 0,31.

Anubis présente un personnage à Osiris et Isis.
L'inscription grecque montre qu'elle a été dédiée par *Amérys* fils de *Bes.....*, âgé de 30 ans.
Son nom est répété dans l'inscription démotique.

128. — Stèle en terre cuite, taillée en forme de porte.

Haut. 0,49. — Larg. 0,35.

Anubis, à tête de chacal, garde une momie couchée sur le lit funèbre. L'âme du défunt plane sur cette scène.
En bas de la stèle, deux images du taureau Apis. Plusieurs lignes d'écriture démotique accompagnent ces figures.

129. — Stèle calcaire, basse époque.

Haut. 0,34. — Larg. 0,24.

Un personnage debout offre un vase à quatre divinités. Deux inscriptions démotiques sont tracées en bas de la stèle, la seconde entre les lignes de la première.

130. — Stèle bilingue.

Haut. 0,48. — Larg. 0,34.

Anubis, coiffé du *pschent*, introduit un personnage devant la

---

(1) Cette inscription a été réunie aux inscriptions du musée grec.

triade d'Osiris. L'inscription grecque le nomme *Apollonius*, fils de *Claudius Postumus*, âgé de trente-quatre ans.

Ces noms sont sont répétés dans l'inscription démotique.

131. — Inscription bilingue du règne de Trajan.

Haut. 0,90. — Larg. 0,33.

Acte d'adoration de *Neotera* et de son frère *Apollonius* de Tentyris. Le nom d'*Apollonius* semble correspondre au nom égyptien *Horus* dans la ligne démotique qui termine l'inscription.

132. — Stèle en terre cuite.

Haut. 0,42. — Larg. 0,30.

Anubis amène un défunt à Osiris. Les légendes hiéroglyphiques n'ont pas été gravées. En bas, inscription grecque, d'une ligne et demie, fruste. On lit le nom propre *Sarapou* (?).

133. — Cippe en marbre gris, inscription grecque.

Voici son contenu : *Bassus, fils de Straton, épimélète du lieu, a dédié (ce monument) pour une bonne réussite*. (Traduction de M. Letronne.) (1).

134. — Tronçon de colonne en granit rose.

Hauteur, 1^{m},82.

Elle porte une inscription latine qui a été expliquée par M. Letronne dans ses Inscriptions d'Égypte (t. I, p. 446). Son époque tombe entre 205 et 209 de notre ère; elle est relative aux grandes et nombreuses colonnes de granit que fournit la carrière, nouvellement ouverte, à cette époque, auprès de l'île de *Philes*.

Jupiter y est identifié avec *Hammon-Chnoubis*.

---

(1) Le cippe a été réuni aux monuments grecs et romains.

135. — Inscription copte.

Haut. 0,18. — Larg. 0,15.

Prière adressée à la Sainte-Trinité, à Marie et à divers saints.

136. — Pierre tumulaire copte.

Haut. 0,28. — Larg. 0,42.

Elle commence par l'invocation à la Sainte-Trinité; on y remarque le nom propre *Mena*, celui du chef des dynasties égyptiennes, porté par un chrétien.

PREMIER SUPPLÉMENT AUX STÈLES ET INSCRIPTIONS.

(N. B. Ce supplément se compose de quelques morceaux récemment acquis ou tirés des magasins du Louvre.)

137. — Stèle en pierre calcaire, taillée en forme de porte.

Haut. 1m,30. — Larg. 0,90.

Cette pierre est presque détruite; elle était du plus beau style. Au sommet était une sorte de niche dans laquelle le défunt, représenté de face, était en adoration. On lit sur les montants de droite et de gauche une prière adressée à *Osiris* et à *Ptah-Sokar-Osiris* par le *fils royal Amenemhé*.

Dans le premier registre, on distingue Osiris sous un naos, recevant un grand faisceau de fleurs qui lui présente *Amenemhé*. Le second registre était, suivant l'ordinaire, consacré aux hommages que la famille adressait au principal personnage.

Ce morceau doit être de la XIIe dynastie.

138. — Stèle en pierre calcaire.

Haut. 0,47. — Larg. 0,31.

Au sommet, l'anneau peint en vert sur un fond rouge, qui imite le disque solaire ; à droite et à gauche les deux yeux d'Horus.

Le prêtre *Ahmes* et sa femme *Schepu* sont assis devant une table d'offrandes; leur fils *Ahmes* leur fait une libation.

Deuxième registre : Une dame, nommée aussi *Ahmes*, reçoit l'offrande de deux autres dames nommées *Ahmes* et *Senbhotep*. Les trois lignes qui occupent le bas de la stèle renferment un acte d'adoration au dieu Khons, et font connaître que ces personnages étaient prêtres dans son temple, ce qui indique la ville de Thèbes.

Les hommes sont peints sur ce monument, qui ressemble à ceux du règne d'Aménophis Ier.

139. — Stèle en pierre calcaire.

Haut. 0,67. — Larg. 0,37.

Dans l'hémicycle supérieur, deux chacals sont couchés sur leurs socles en forme de pylone: ce sont les dieux gardiens du nord et du midi. La stèle commence par une inscription de trois lignes. Le *serviteur Aui* adresse une prière à Osiris infernal. Le même personnage est debout à gauche du premier registre ; devant lui et dans les deux premiers registres inférieurs sont tous les membres de sa famille.

Cette stèle appartient au style de la XVIIe dynastie.

140, 141, 142. — Trois fragments en pierre calcaire composant une petite porte d'hypogée.

N° 140 — Haut. 0,95. — Larg. 0,50.
N°s 141 et 142. — Haut. 1^{m},46. — Larg. 0,22.

Sur le linteau, Osiris, coiffé du diadème nommé *atef*, tenant son sceptre et son fouet, siége sous le signe du ciel. Le *lieutenant royal, grammate de jeunes soldats* et *basilicogrammate Sennu*, lui adresse des prières pour obtenir une bonne sépulture dans sa vieillesse.

Sur le montant de droite, n° **141**, le même personnage adresse ses actes d'adoration à Osiris infernal et à Anubis; sur le montant de gauche (n° 142), il invoque Osiris, seigneur d'Abydos, et Horus, fils d'Isis. Au bas des deux piliers, son fils *Amensé* est représenté agenouillé et lui dédie ce monument. Le style de ce morceau est celui de la fin de la XVIIIe dynastie.

143. — Fragment d'une stèle rectangulaire taillée en forme de porte.

Haut. 0,60. — Larg. 1^m,40.

Les figures de ce beau fragment, gravées en relief, étaient autrefois complétement coloriées. Le bord supérieur est décoré, au milieu, de l'anneau, placé sur l'eau et le vase; à droite et à gauche de ce groupe, les deux yeux symboliques sont placés sur des supports en forme de porte; à chacun d'eux est attaché un uræus coiffé du disque solaire. Plus loin, deux dieux *Ap-matenu* représentés par le chacal couché sur une porte et orné du fouet sacré. Les lignes qui décoraient les bords extérieurs contenaient des prières dont il ne reste plus que le début.

La scène principale se compose d'un naos soutenu par trois colonnettes dont les chapiteaux sont richement historiés avec des fleurs de lis et de papyrus, et dont la corniche est ornée d'une rangée d'uræus. Sous ce naos on voit le dieu Ra avec sa tête d'épervier, coiffé du disque solaire; il porte les titres de *grand dieu, seigneur du ciel, habitant la chaîne d'occident;* de l'autre côté, Osiris, coiffé du diadème *Atef*, est qualfié *dieu grand, seigneur du ciel.*

Les huit autres lignes d'hiéroglyphes à droite et à gauche de cette scène contiennent des invocations adressées à ces dieux par un *basilicogrammate* dont le nom n'existe plus : il était aussi chef militaire. Cette pierre appartient au plus beau style de la XVIIIe dynastie.

144. — Stèle en pierre calcaire.

Haut. 0,48. — Larg. 0,33.

Premier regisire ; au milieu, une prière à Osiris adressée par *Amenemheb, chef des écuries.* A droite et à gauche, les deux yeux d'Horus. Au-dessus, il est assis avec sa sœur *Het;* devant eux est une table d'offrande, et un *heb*, nommé *Menab*, lui fait une libation *pour vivifier le nom de son maître*, comme le dit l'inscription qui l'accompagne.

Le même personnage fait une libation semblable dans le second registre; ici, *Amenemheb* a derrière lui son fils *Hui*. Style de la XVIIIe dynastie.

145. — Stèle en granit gris.

Haut. 0,52. — Larg. 0,29.

Les deux yeux d'Horus occupent l'hémicycle supérieur. Premier registre: *Sebekse* et la dame *Res* adressent à Osiris et à Hathor la prière contenue dans les deux lignes supérieures; dans le second registre, la prière s'adresse à Ptahsokari et à Isis; dans le troisième, à Sebek et à Horus, fils d'Isis. Tout au bas de la stèle, la dame *Res*, fille de *Iuiu*, est assise devant des tables d'offrande. Cette stèle peut appartenir à la XVIIIe dynastie.

146. — Fragment rectangulaire en pierre calcaire.

Haut. 0,40. — Larg. 0,38.

Osiris, coiffé du diadème *Atef*, reçoit l'acte d'adoration de *Bekenamon*, fils d'*Apu*, qui est derrière lui. Le nom de *Bekenamon* est martelé à cause du mot *Amon*. XVIIIe dynastie.

147. — Fragment d'une stèle en pierre calcaire.

Haut. 0,36. — Larg. 0,33.

Dans le cintre, à gauche deux trônes sont occupés par la déesse Hator, à tête de vache, qualifiée *dame du sycomore*, et par le dieu Ra, portant les deux noms de *Dieu des deux Horizons*, et *Tum*, *seigneur de An* ou Héliopolis. Devant ces deux divinités, le prêtre *Amenemheb*, apportant un bouquet de lotus, lève les mains en signe d'adoration; derrière lui, *Nafi*, attachée au culte d'Ammon, tient son sistre et apporte une oie; les mêmes personnages invoquent *Ptah*, *seigneur du ciel et roi du monde*, assis sous un naos, et la déesse *Ma* (justice et vérité) coiffée de la plume d'autruche.

Second registre : à gauche, siégent les dieux *Mehi* et *Anhur*, qui sont endommagés; devant eux, *Psar*, *chef militaire*, et la dame *Mérira*. A droite, Osiris et Isis sur deux trônes; devant eux, un autre capitaine nommé *Aaï* et la dame *Uernara*, *attachée au culte d'Ammon*. Troisième registre : à gauche, *Thoth* et *Harueri*. Le grammate *Hetaaï* leur présente le bouquet de lotus; derrière lui, sa sœur *Nera*; à droite, Anubis et le dieu chacal, *Ap–matenu*, sont vénérés par le grammate *Aaï*, qui doit être un petit–fils du capitaine de ce nom, mentionné plus haut, et sa sœur *Merira*.

Le dernier registre, actuellement brisé en partie, était le plus intéressant : un roi coiffé d'un diadème divin y recevait les hommages de quelque membre de cette famille. Les restes du cartouche font reconnaître Ramsès II. Il était accompagné d'une divine épouse (probablement *Ahmès-nofre-ari*); on n'aperçoit plus que les plumes de sa coiffure. (XIXe dynastie.)

148. — Stèle en pierre calcaire.

Hat. 0,73. — Larg. 0,47.

Le disque ailé occupe le sommet; au-dessous, on voit une scène peu commune : l'étendard d'Abydos, qui appartient à Osiris, occupe le milieu; il est planté dans le signe , pays; deux petits personnages, debout et adossés à cet étendard, semblent avoir des têtes de lion et de chat; cet emblème d'Osiris est vénéré par les déesses *Isis* et *Nephthis*. On voit, derrière ces déesses, deux enseignes du dieu *Num* (Chnouphis) sous la forme d'un bélier. Cette scène est complétée, à droite, par la déesse *Ma* et le dieu guide des chemins célestes du midi; à gauche, par *Horus* et *Tahut*, qui élève sur sa main droite le symbole de la vérité.

Les cartouches de Ramsès II sont insérés au milieu de ces dieux, et pour mieux caractériser l'hommage qu'on leur rend, on on a mis en pendant un épervier accroupi et portant le fouet, signe de la divinité.

Dans le second registre : *Nofrehotep*, fils de *Raaï*, *maître de la table du roi*, adresse une hymne à *Osiris infernal*, *seigneur éternel des dieux*, etc. Le registre inférieur est rempli par sa femme *Takha*, son père *le compagnon des jambes du roi, Raï*, sa mère *Nubemusekh* qui était attachée au culte de *Sebek*, et ses aïeux maternels *Nofrehotep* et *Takha*. (XIXe dynastie.)

149. — Stèle en pierre calcaire, taillée en forme d'une porte d'hypogée, surmontée d'une pyramide.

Haut. 0,85. — Larg. 6,46.

Au sommet, le disque solaire sort de la montagne de l'horizon, qui est appuyé sur le signe du ciel. Sous ce groupe, le chacal d'Anubis est couché sur une porte ; il a sur le dos l'œil d'Horus et devant lui le groupe composé de l'anneau, de l'eau et du vase, symbole d'étendue. Dans le premier registre de la stèle, Osiris infernal et Isis, la *divine mère*, sont adorés par un *intendant des écuries*, nommé *Tisuemab*. Le style est celui de la XIXe ou de la XXe dynastie.

150 — Fragment en grès rouge.

Haut. 0,38. — Larg. 0,40.

Au milieu, les deux cartouches de Ramsès II, surmontés du disque solaire. Ce roi se qualifie, à gauche, *l'aimé d'Ammon, seigneur des trônes du monde, résidant en Nubie*, et à droite, *l'aimé de Ramsès dans sa barque, résidant en Nubie*. On retrouve ici ce dieu Ramsès, déjà plusieurs fois signalé sur les monuments de ce genre. Ce roi poussa l'orgueil jusqu'à s'introduire lui-même parmi les divinités auxquelles il élevait des temples.

151. — Fragment en pierre calcaire.

Haut. 0,35. — Larg. 0,14.

Portion d'une inscription et d'une série de cartouches de Ramsès II.

152. — Stèle en pierre calcaire, enluminée d'une couleur rouge uniforme.

Haut. 0,[illegible]0. — Larg. 0,23.

Le registre supérieur représente le combat de l'âme contre

les crocodiles, rapporté au 32e chapitre du Rituel funéraire. Les légendes indiquent que la stèle a été gravée pour un *nautonnier du temple d'Ammon*, nommé *Psenirina.*

La seconde scène, en partie effacée, est le combat de l'âme contre les serpents; les signes qui suivent sont une partie du texte sacré qui se rapporte à ce combat, au 31e chapitre du Rituel funéraire.

153. — Stèle en pierre calcaire.

Haut. 0,58. — Larg. 0,46.

Le sommet est occupé par un grand disque ailé, orné de deux uræus. Dans le premier registre, à gauche, le défunt *Pétéharpocrates, basilicogrammate,* vénère une triade divine composée de *Sokaris*, de *Nephthys* et de *Thoth.* A droite, le même personnage est en présence d'*Osiris*, d'*Isis* et d'*Horus* ; le second registre contient une inscription de quinze lignes : elle commence par un acte d'adoration à *Osiris, seigneur d'Abydos*, à *Isis et à Horus*, *vengeur de son père*, et à tous les dieux d'Abydos, de la part de *Pétéharpocrates*, fils d'*Horus* et de la dame *Kharatanekha.* Dans les lignes suivantes il adresse une allocution aux prêtres de son temple.

Troisième registre : à gauche, le défunt et sa femme *Iseueri* assis devant une table d'offrandes, reçoivent l'hommage de leur fils aîné, le *basiliéogrammate Imhotep.* A droite, *Imhotep* et sa femme siégent à leur tour devant leur fils, nommé *Pétéharpocrates* comme son grand-père; derrière eux, leur fille *Horut'a* tient une fleur.

DEUXIÈME SUPPLÉMENT AUX STÈLES ET INSCRIPTIONS.

154. — Bloc de pierre calcaire.

Long. 0.67. — Larg. 0,09.

Ce bloc provient des fouilles du Sérapéum. Il est couvert d'une inscription funéraire, au nom d'un prêtre attaché au culte commémoratif du roi *Nefer-ar-ka-ra*, de la ve dynastie, et nommé *Khu-en-ptah*. Il faisait partie d'un tombeau très-anciennement détruit.

155. — Linteau de la porte d'un tombeau en pierre calcaire.

Long. 0,88. — Haut. 0,29.

L'inscription portant le nom du personnage auquel appartenait le tombeau était ordinairement gravée à cette place, dans le style des dynasties memphites les plus anciennes. Celui-ci appartenait à un fils de roi nommé *Ka-nefer* ; il porte un titre curieux à cette haute antiquité, et qui paraît signifier : *Le chargé de l'inspection des livres*. Il s'agit sans doute de la comptabilité de l'État. (Vers la ve dynastie.)

156. — Linteau de porte sculpté et peint.

Haut. 0,85. — Larg. 0,24.

Un personnage assis sur un siége à pieds de lion et tenant un bâton d'honneur. Devant lui, une inscription en deux lignes de larges caractères hiéroglyphiques ; elle rappelle la mémoire de *Anup-en-kau*, un des *semer* du roi, chef des portes, secrétaire du roi, familier du palais, v^e^ dynastie.

(Provient des fouilles de M. Mariette à Sakkarah.)

157. — Linteau de porte en pierre calcaire, de forme cylindrique, terminé à chaque extrémité par un cube.

Long. 0,41. — Larg. 0,14.

Une légende est gravée sur la partie arrondie : « Le parent royal *Téta*. » vi^e^ dynastie. (Fouilles de M. Mareitte.)

158. — Stèle en forme de porte en pierre calcaire.

Haut. 0,67. — Larg. 0,38.

En haut, un proscynême à Anubis par *Ari-en-Khut*. Sur chaque montant extérieur, une légende et l'image d'un personnage debout tenant un long bâton et une sorte de petit sceptre. (La légende est la même sur les deux montants : « *Le dévoué au roi, le prêtre du grand-dieu, Ari en-Khut*, surnommé *Ari*. »

Au-dessus du linteau, deux lignes d'hiéroglyphes contenant l'adoration à Osiris, l'adoration au grand-dieu, et les vœux funéraires. Puis le défunt assis auprès d'une grande quantité d'offrandes variées : sur les deux montants intérieurs se répète une légende et l'image du même personnage : « Le *samer du palais royal, Ari-en-Khut.* »

159. — Stèle en pierre calcaire, sculptée en forme de porte.

Haut. 0,50. — Larg. 0,40.

Sur le linteau, un proscynème à Anubis. Au-dessous, au milieu, un personnage assis auprès d'une table chargée d'offrandes. Dans le champ, sa légende, « le *dévoué* (1) *Apa.* » Le même personnage est représenté debout, tenant un bâton d'honneur, et accompagné de sa légende en grands caractères sur les deux montants extérieurs. Sur un second linteau inférieur, en retraite par rapport au premier, une nouvelle légende hiéroglyphique nous apprend qu'il était surnommé *Khut-Hotep;* son hommage est adressé à *Ptah.* Sur les deux montants intérieurs, le même personnage, toujours avec sa légende : « *Le hiérogrammate Apa ; le dévoué à Ptah, son nom heureux est Khut-Hotep.* » Enfin sur les montants extérieurs, il s'adresse à Osiris, le grand dieu.

160. — Stèle en pierre calcaire.

Haut. 1m,03. — Larg. 0,63.

Style très-ancien. Au sommet, deux lignes d'hiéroglyphes contenant l'hommage à Anubis et à Osiris infernal. Le personnage principal nommé *Haka* était chef du service religieux

---

(1) Le titre , qui se lit *Amkhu* et qu'on traduisait ordinairement par les mots *attaché à, dévoué,* paraît s'appliquer spécialement à l'homme sorti de la jeunesse et qui a atteint toute sa maturité. Lorsqu'il est joint à un nom divin comme ci-dessous, *Amkhu kher ptah,* le sens exact est probablement *celui qui est devenu un homme fort, complet, par-devant Ptah.*

d'*Ap-Matenu*, et capitaine de soldats; il était en outre familier du roi, *heb* royal en chef et gouverneur de ville. Son fils *Ptah-Ases* avait les mêmes dignités. L'époque de cette stèle peut remonter jusqu'à la ve dynastie.

161. — Stèle en forme de porte de tombeau.

Haut. 1^m,30. — Larg. 0,775.

Au sommet, deux lignes horizontales contenant l'hommage funéraire adressé à Osiris, dieu d'Abydos, au nom du défunt *Auu* qui était prophète et qui avait le titre de *semer*.

Au milieu du monument, *Auu* est assis devant une table d'offrandes, sa légende est répétée dans les autres inscriptions et il figure debout sur les deux côtés de la fausse porte. Style de la vi^e dynastie.

162. — Bloc de pierre calcaire formant le montant de droite d'une porte de tombeau.

Haut. 1^m,52.

Une inscription hiéroglyphique en deux colonnes contient la prière funéraire du personnage auquel appartient le n° précédent. Les mêmes titres y sont répétés avec le nom propre *Auu*; il est lui-même figuré debout et comme entrant dans son tombeau au-dessous de ces inscriptions. Sur l'autre face du bloc, on a représenté l'offrande de diverses substances précieuses, avec leurs noms écrits auprès des vases ou des sacs qui les enferment. V. le n° précédent.

163. — Bloc pareil au précédent, et lui faisant pendant.

164. — Stèle en forme de porte de tombeau.

Haut. 1^m,70. — Larg. 1^m,05.

Au sommet, deux lignes horizontales contiennent l'hommage aux dieux funéraires : Anubis et Osiris.

Au centre, le personnage auquel le tombeau était destiné est assis devant une table d'offrandes. Il est également figuré debout sur les deux montants intérieurs. Les légendes nous apprennent qu'il se nommait *Asa;* il est qualifié *semer* et *heb* en chef du roi. *Asa* était grammate en chef du trésor et prêtre de la déesse *Baset.* Il exerçait aussi la charge de prophète à la pyramide *Tat-Asu*, qui était le tombeau du roi *Teta*, de la VIe dynastie, ce qui nous donne la date de ce monument.

165. — Stèle en pierre calcaire de forme rectangulaire.

Haut. 0,44. — Larg. 0,40.

L'inscription du sommet contient l'hommage à Osiris et les vœux ordinaires pour le défunt *Mertu* qui était *suten rekh* ou parent royal. Ce personnage est assis à gauche sur un siége à pieds de lion ; une table chargée de feuilles le sépare d'une dame qui porte le même nom *Mertu* et le même titre que lui : c'était sa sœur ou sa femme, elle se dit dans l'inscription dévouée à son seigneur.

Le style des personnages engage à placer ce monument entre la VIe et la XIIe dynastie.

166.— Stèle en pierre calcaire, cintrée au sommet.

Haut. 0,55. — Larg. 0,29.

Elle commence par une inscription de neuf lignes datée de l'an 17 et du 20e jour de Thoth, du règne d'*Usurtesen Ier* (XIIe dynastie), dont les deux noms sont renfermés dans un seul cartouche.

Se-supti qui se qualifie *fonctionnaire de l'intérieur*, y adresse sa prière à Osiris et aux dieux d'Abydos et l'invocation ordinaire aux visiteurs du tombeau. Dans la première scène qui suit l'inscription, le défunt et sa mère *Se-t-hapu* reçoivent les hommages funéraires de la part des gens de leur maison. Le second registre est rempli par des personnes de leur famille et des serviteurs.

167. — Stèle en pierre calcaire de forme rectangulaire.

Haut. 0,82. — Larg. 0,90.

Cette pierre et la suivante ne sont que des fragments mutilés, mais la beauté de la gravure doit les faire conserver précieusement. Elle est datée de l'an 26 (d'*Usertesen Ier* ?) Les restes de l'inscription font voir qu'elle avait été dédiée par un fonctionnaire d'un rang élevé nommé *Antef*, fils de *Se-t-mena*, et dont les deux épouses se nommaient *Se-t-hathor* et *Meri-t* (1).

Dans le champ, *Antef* est assis, accompagné de ses deux épouses. Devant ce chef apparaissent ses fils *Usertesen*, *Neb-kau* et *Sebekut-tu*, ainsi que deux filles nommées comme leur mère *Se-t-amen*. Dans un second registre, des serviteurs portent des coffres et des vases pour les offrandes.

168. — Stèle en pierre calcaire, de forme rectangulaire.

Haut. 0,76. — Larg. 0,90.

Cette pierre encore plus mutilée que la précédente ne laisse plus lire que quelques mots de l'inscription, mais les figures de la famille y sont plus nombreuses. Elle était consacrée à un fonctionnaire important nommé *Antef*, fils de *Se-t-amen*. Le premier registre est en partie détruit : il ne reste qu'un homme debout en costume de *Sam*, tenant le bâton et le *pat* ⸸ derrière lui, une femme respire une fleur; dans le second registre, *Antef*, assis reçoit l'hommage de sa famille, divisée en deux sous-registres. Première rangée : 1° Un fils (nom effacé); 2° un fils *Antef*; 3° une fille...; 4° un fils...; 5° un fils *Smen*...; 6° un fils *Ameni*; 7° un fils *Ameni*; 8° une fille *Hu*; 9° une fille *Sent*; 10° le fils de cette dernière *Ra-Sohtep-Ab*; 11° *Anemi*, fils de *An-Rekh-s* (2); 12° « son fils » *Ameni*; « son fils » *Hennu*; 14° une femme *Kaku*

Deuxième rangée : 1° « Le chef de maison » *Kesch* porte la caisse; 2° « la servante (3) » *Tata* porte l'oie et un vase; 3° « le chef de résidence » *Nekhta* porte un vase et un panier ; 4° « le

---

(1) Parmi les hiéroglyphes mutilés, on lit encore dans la dernière ligne cette phrase remarquable à la louange d'*Antef* : *celui qui se souvient du pauvre dans ses malheurs*.

(2) Ces mots signifient *inconnue*; ce n'est peut-être pas un nom propre.

(3) *Ak-t* semble signifier *la boulangère*.

serviteur » *Antef* porte une gazelle et amène un veau ; 5° « la nourrice » *Se-t-ran-sa* porte une étoffe et une fleur ; 6° « sa fille » *An-Ku* porte un vase et un miroir ; 7° « la nourrice » *Seni* porte deux vases ; 8° « la nourrice » *Set-en-ran-f* (1) porte un coffre, un vase et des fleurs ; 9° « la servante » *Takhen* porte un vase et une étoffe ; 10° un homme *Neb-Kau,* fils de *Meri ;* 11° « son fils » *Usertesen ;* 12° un homme *Sebek-tutu,* 13° « sa fille » *Tebes ;* 14° « sa fille » *Aï.*

Cette stèle nous fait entrer dans tous les détails de la vie de famille où les principaux serviteurs figuraient à côté des maîtres jusque dans l'expression de leur destinée funéraire Il est probable qu'elle appartient au même tombeau que la précédente.

169. — Stèle en pierre calcaire.

Haut. 0,75. — Larg. 0,55.

Dans le cintre, une inscription de quatre lignes renferme l'hommage à Osiris, seigneur de *Tat* et dieu d'Abydos ainsi que la mention des offrandes pour les principales fêtes de l'année. Cette liste distingue les deux commencements de la révolution annuelle.

Le personnage figuré debout se nommait *Nekht.* Il était commandant de la Basse-Égypte ; il se qualifie aussi *dévoué* au roi *Rashotep-ab,* c'est-à-dire Amenemhé Ier qu'il traite de « dieu grand. » Deux femmes de sa famille terminent le monument qui appartient aux premiers temps de la XIIe dynastie. La qualification de dieu grand, donnée au premier Pharaon de cette famille indique qu'il était mort ; on peut donc, sans craindre de se tromper, classer ce monument vers le milieu du règne d'*Usurtesen I.*

170. — Stèle en pierre calcaire.

Haut. 1m,05. — Larg. 0,60

Elle est datée de l'an II du roi *Usertesen II* (XIIe dynastie) et présente la légende de ce Pharaon au grand complet. Le fonc-

(1) Mot à mot : *La fille de celui qui n'a pas de nom.*

tionnaire qui a fait sculpter cette belle stèle se nommait *Usertesen*; il prend le titre de *gardien des biens*, ce qui peut simplement indiquer un homme considérable. Le bas de la stèle contient les noms de toute sa famille.

Dans l'inscription *Usertesen* s'adressant aux personnes qui visiteront le tombeau qu'il s'est fait construire à Abydos auprès d'Osiris, grand seigneur des dieux, vante sa sagesse et ses bonnes actions, puis adresse ses hommages à Osiris et à *Apmatenu.*

171. — Stèle en pierre calcaire.

Haut. 0,50. — Larg. 0,30.

Elle contient, en dix registres, le détail de la famille et de la maison de *Tahut-hotep*, fils d'*Apu.* Elle appartient à la XIIe dynastie. On y distingue l'officier *Ra-kha-kau-senb* qui doit être né du temps d'*Usertesen III* puisque son nom reproduit la légende royale de ce pharaon.

172. — Stèle en pierre calcaire cintrée au sommet.

Haut. 0,57. — Larg. 0,28.

Ce beau monument a été gravé pour un fonctionnaire important du règne d'*Amenemha II* (XIIe dynastie), nommé *Ameni.* Il était surintendant des travaux dans tous les temples de la Haute et de la Basse-Égypte. Dans l'inscription qui est datée de la troisième année d'*Amenemha II*, *Ameni*, qualifié *employé du service*, se vante de la faveur de son souverain qui le charge de commander les travaux dans tous les temples de la Haute et de la Basse-Égypte. Il adresse ensuite une allocution à ceux qui *passeront devant son tombeau, soit en descendant, soit en remontant le Nil et qui liront son inscription* pour leur demander d'adresser à Osiris des prières en sa faveur.

Dans le premier registre, *Ameni* est assis devant la table d'offrandes. Il est accompagné de sa mère *Meri-stekhu* (1) ; un de ses frères lui rend hommage dans le second registre, un

(1) *Celle qui aime la joie.*

second frère *Ermeni-hotep* adresse l'hommage funéraire à leur père *Tauuer* et à leur aïeule *Se-t-em-ta-nen*.

173. — Stèle en pierre calcaire.

Haut. 0,58. — Larg. 0.37.

Ce monument de forme rectangulaire commence par l'invocation à Osiris, dieu d'Abydos, et l'énumération des fêtes de l'année, dans lesquelles on devait célébrer les offrandes fondées par le défunt *An-hur-se*, qui était grammate de l'ordre civil. On remarque, parmi les fêtes citées, celles du 1er jour et du 15e jour de chaque mois, celles de *Tahut* et de *Sokari*; la sortie de *Khons*, le commencement des saisons, etc.

Le personnage principal *An-hur-se* (1) est assis au premier rang; en face de lui, ses deux femmes suivies de trois de ses enfants. Dans un second registre, son frère *Hek* qui était grammate du nome et sa mère *Keperert*. Le troisième registre fait connaître son frère *An-hur-nekht*, également grammate du nome et accompagné de son épouse *Aku*.

La stèle contient, en outre, les noms de plus de 70 personnes appartenant à la même famille : on y remarque un personnage nommé *Antef*, fils de *Sent* qui prend le titre de *seigneur de l'hommage*, ce qui indique quelquefois le dédicateur du monument. Les noms usités dans cette famille le style et le culte spécial du dieu *An-hur* autorisent à placer ce monument au commencement de la XIIe dynastie et à supposer qu'il doit provenir d'Abydos ou de Thinis : car on sait qu'*Anhur* était le dieu spécial du nôme.

174. — Stèle en pierre calcaire.

Haut. 0,81. — Larg. 0,50.

Ce monument, de forme rectangulaire, commence au sommet par une inscription de trois lignes, qui contient d'abord l'hommage ordinaire adressé à Osiris infernal par *Usertesen* : parmi les titres de ce personnage, qui était pourvu de diverses charges

---

(1) On doit probablement lire, par inversion, *Se-anhur*.

civiles, on remarque ceux de « *familier du roi.* » et « *fonctionnaire de l'intérieur* (*khenta*). Le bas-relief qui représente *Usertesen* debout est un échantillon remarquable de l'art de la XIIe dynastie. Il est figuré très-gras, ce qui, d'après le symbolisme égyptien, indiquait un homme âgé et surtout saturé de science et de sagesse. Sa tête est couverte d'une calotte collante et un large collier entoure sa gorge. Devant ses jambes est la table chargée des offrandes funéraires.

Le reste des inscriptions contient un petit discours d'Usertesen. Il dit dans la 3e ligne gravée au-dessus de sa tête : *Je viens de mon pays, j'arrive à la région funéraire, j'ai fait les actions désirées par les hommes et celles qui sont commandées par les dieux.*

Dans les quatre lignes verticales qui sont gravées devant lui, il se vante des fonctions qu'il a remplies par les ordres du souverain. *Il a rendu d'excellents rapports à celui qui l'avait envoyé, et il a été récompensé par la position élevée qu'il occupe.* Son titre particulier, celui qui est gravé devant lui, indique un préposé au trésor royal. XIIe dynastie.

175. — Stèle en pierre calcaire, de forme rectangulaire, cintrée au sommet.

Haut. 0,44. — Larg. 0,26.

Le sommet est un peu endommagé : il contenait une prière adressée à Anubis, en faveur d'un personnage, dont le nom est effacé. Dans le premier registre, le défunt et son épouse reçoivent les hommages de leur fils *Ra-kheper-ka* qui leur présente la cuisse d'une victime. La famille remplit les deux registres suivants ; on y voit d'abord le père *Notem-sebek*, un frère *Usertesen* et deux autres frères. Plus bas, la mère *Khati-ankh* et trois sœurs du défunt. XIIe dynastie.

176. — Stèle en pierre calcaire, de forme rectangulaire.

Haut. 0,60. — Larg. 0,45.

Elle est divisée en deux scènes. Dans la première, *Mentuhotep* fils de *Aï* et sa femme *Se-t-Amen*, qui lui donne aussi le titre de frère, sont assis devant les offrandes funéraires. Entre autres titres, ce personnage porte ceux de *parent royal* et de *prophète de Ma*. Dans la seconde scène figurent les parents de *Mentuhotep*, savoir : sa mère *Aï* et son père *Mentuhotep*, fils de *Abu*, qui avait également le titre de *parent royal*. Il était *général en chef d'armée* et *chargé d'accompagner le roi dans toutes ses expéditions*. Style de la XIIe dynastie.

177. — Stèle en pierre calcaire, de forme rectangulaire.

Haut. 0,43. — Larg. 0,33.

Invocation ordinaire adressée à Osiris et Anubis par *Ameni*, fils de *Apa*. Allocution habituelle adressée aux hommes vivants et vœux pour les offrandes funéraires, aux fêtes désignées, qui sont ici la fête *Uak*, la fête de *Tahut*, celle de *Rokah*, au 6e mois. Style d'Abydos. XIIe dynastie.

178. Stèle en pierre calcaire, taillée en forme de porte.

Haut. 0,47. — Larg. 0,30.

Ce monument n'a pas d'autre décoration que des inscriptions. Les deux lignes du sommet renferment l'invocation à Osiris, seigneur de *Tatu* et grand dieu d'Abydos. L'inscription verticale nomme le dédicateur, le gardien (1) de la demeure d'une localité inconnue, *Ra-kheper-ka*, fils de *Manet-ankhet*. Les huit lignes horizontales contiennent le nom de ses divers parents. Le père s'appelait *Har-benen*, ses frères *Nefer-ptah* et *An-en-benen* ; ce dernier était prêtre de *Benen*, un des vocables sous lesquels était adoré Horus. Deux oncles maternels portent le nom de *Ra-kheper-ka*, ce qui nous engage à classer le monument vers le commencement de la XIIe dynastie.

179. — Stèle en pierre calcaire.

Haut. 0,60. — Larg. 0,40.

Le premier registre nous montre un fonctionnaire du rang éminent de *parent royal*; il se nommait *Ameni*, comme un

(1) Le mot *ari* signifie au sens propre *gardien*, mais il est pris souvent dans la simple acception de *compagnon* et de *citoyen* d'une ville.

prince de la XIIe dynastie. Son épouse *Hotep* est qualifiée *fille de chef*. Le second registre nous montre leur fils *Ptah-s-ankh* et leur fille *Hotep*. *Ptah-s-ankh* est à son tour assis devant la table d'offrandes, dans le troisième registre, avec son épouse *Hotep-t*. Dans le quatrième, sont agenouillés leurs enfants *Nefer-ha*. *Nem-mestu* (1), *Usertesen* et *Api*.

Le beau style de la gravure et les noms usités dans la famille placent cette stèle au commencement de la XIIe dynastie.

180. — Stèle en pierre calcaire de forme rectangulaire.

Haut. 0,40. — Larg. 0,27.

Au sommet une inscription de trois lignes qui contient la prière ordinaire adressée à Osiris, seigneur de *Tatu* et d'Abydos, par *Har-em-ha* (2). Dans la première scène, le défunt et sa femme *Khet-ankh* reçoivent l'offrande de la part d'un frère, également appelé *Har-em-ha*. Un fils et son épouse figurent dans la seconde scène. Style de la XIIe dynastie.

181. — Stèle en pierre calcaire, cintrée par le haut.

Haut. 0,41. — Larg. 0,30.

Ce monument a été dédié par un Égyptien nommé *Har-s-ankh*, qui est représenté dans la première scène assis devant la table des offrandes funéraires. Derrière lui, on a figuré sa femme *Se-t-mont* et sa fille *Sebek-hotep*. Dans la seconde scène, on voit en tête sa mère *Sebek-hotep* : elle est suivie d'un frère *Nekh-har*, d'une sœur *Har-em-sa-s*, d'un frère *Khuti-sa* et de deux autres sœurs *Ata* et *Isis*.

L'inscription dédicatoire est dans le sommet de la stèle : elle contient ce qui suit : *Ah ! vous qui vivez sur la terre et qui passez près de cette demeure funèbre ; vous qui désirez la vie pour votre race, célébrez le dieu de l'Amenti et dites : Qu'Anu-*

---

(1) Devise de l'enseigne royale d'*Usertesen I*.

(2) Son titre [hiéroglyphe] s'applique aux arts de l'embaumement et de la sculpture.

bis, seigneur de la montagne, protége Har-s-ankh! Que les offrandes funéraires soient faites au vertueux Har-s-ankh, fils de Sebek-hotep!

Le style de ce monument annonce la fin de la XIIe dynastie.

182. — Stèle en pierre calcaire, peinte, taillée en forme de porte et surmontée d'une corniche.

Haut. 0,44. — Larg. 0.26.

La scène intérieure représente une dame respirant la fleur de lotus : dans l'inscription qui l'accompagne elle est nommée *Ben-nekheb*. Au-dessous d'elle est figuré *Antef-aker*. L'hommage principal de ces deux personnages est adressé à *Seb*, père d'Osiris.

Douze colonnettes d'inscriptions qui terminent le monument contiennent le détail de cette famille qui paraît avoir été consacrée plus spécialement au culte de *Seb*, dont les monuments sont assez rares. XIIe dynastie.

183. — Stèle en pierre calcaire, de forme rectangulaire.

Haut. 0,57. — Larg. 0,37.

Après l'inscription de deux lignes qui contient l'hommage ordinaire à Osiris, un bas-relief représente un Égyptien avec les plis symboliques de la poitrine indiquant l'âge et la sagesse : il respire une fleur de lotus. Il porte le nom de *Neb-t'efa*. Devant lui, un grammate nommé *Hik-nekht* et dans l'attitude de l'hommage. Un tableau d'offrandes funéraires termine le monument.

184. — Stèle en pierre calcaire, de forme rectangulaire.

Haut. 0,54. — Larg. 0,31.

Au sommet, inscription funéraire pour *Bau*. Ce personnage est assis, dans le premier registre, et accompagné de sa femme *Sent*. Son fils aîné *Mentu-Hotep* et ses deux filles lui rendent hommage.

Le second registre contient sa famille. Son père se nommait

Mentu-Hote, et sa mère *Sebek-aa;* ses fils *Usertesen* et *Ameni*. Ce monument paraît être de la XIIe dynastie.

185. — Stèle en pierre calcaire, de forme rectangulaire.

Haut. 0,48. — Larg. 0,37.

Premier tableau : Un Égyptien et sa femme reçoivent l'hommage des offrandes funéraires; la dame, *Tena*, a, seule, son nom écrit auprès d'elle. Le second registre contient un serviteur et la famille du défunt. Une courte inscription sépare les deux scènes : elle constate que ces personnages viennent de rendre hommage au défunt dans son tombeau.

186. — Stèle en pierre calcaire, de forme rectangulaire et cintrée au sommet.

Haut. 0,55. — Larg. 0,37.

Ce monument gravé avec une grande finesse paraît, d'après son style, appartenir au milieu de la XIIe dynastie. La partie cintrée est décorée d'une inscription qui renferme l'hommage à Osiris, dieu d'Abydos, avec l'énumération des offrandes et des fêtes où elles doivent être célébrées. On remarque ici en tête de la liste la fête du seigneur de *An* ou Héliopolis, et plus loin la manifestation de *Khem* ou d'Horus ithyphallique et les commencements distincts des deux années. Cet hommage est adressé au nom du sculpteur (?) *Abet* et de son épouse *Hathor-Isis* qui figurent dans le premier registre. *Abet* a représenté sous son fauteuil son chien nommé *Senb*.

Dans le second registre figurent le père d'*Abet*, le sculpteur (?) *Nefera* et sa mère *As-tekhu*. Les frères, sœurs et neveux du même personnage remplissent le reste du champ. On ne trouve dans toute cette famille que des fonctionnaires d'un rang inférieur : l'un d'eux nommé *Hennu* était *écrivain de la maison des chanteuses* (*pa-khena*).

187. — Stèle en pierre calcaire, cintrée au sommet.

Haut. 0,25. — Larg. 0,19.

Au bas du monument, deux personnages assis tenant la fleur du lotus. L'homme porte le nom de *Khem-hotep* (il est qualifié (*abu*) *artiste*; la femme est sa sœur *Nekhta*. Les deux inscriptions qui remplissent le sommet de la stèle contiennent, à droite, la prière à Osiris et à Anubis et la liste des fêtes funéraires; à gauche, l'énumération des principaux membres de la famille. XIIe dynastie.

188. — Stèle en pierre calcaire, de forme rectangulaire, arrondie au sommet.

Haut. 0,30. — Larg. 0,18.

Dans le champ, le maître de maison, *Usertesen*, fils de *Tata*, est assis devant la table couverte d'offrandes funéraires.

L'inscription du sommet contient sa prière à Osiris. Son père est nommé *Apapi*. Sa fille, ses frères et les serviteurs ont fait écrire leurs noms dans les espaces restés libres. XIIe dynastie.

189. — Stèle en pierre calcaire, de forme rectangulaire, arrondie au sommet.

Haut. 0,32. — Larg. 0,24.

Dans le cintre, l'anneau; à droite et à gauche, les yeux d'Horus et les deux chacals.

L'inscription de 4 lignes contient la prière à Osiris et les vœux funéraires en faveur du défunt *Senb-Ameni*. Au-dessous, des personnages de sa famille dont les noms indiquent la XIIe dynastie.

190. — Stèle en pierre calcaire, de forme rectangulaire, un peu arrondie au sommet.

Haut. 0,22. — Larg. 0,15.

Dans le cintre, la croix ansée, signe de la vie, entre les deux yeux symboliques. Dans le champ, un Égyptien respire une fleur de lotus : il est séparé par un autel d'un personnage qui qui lui tend la main en signe d'allocution.

L'inscription contient un hommage à Osiris, seigneur de *Toser* et à *Khem*, dieu fort, c'est-à-dire à la forme ityphallique d'Horus et d'Ammon. Le personnage principal se nommait *Ran-Senb*; le dédicateur était son père et s'appelait *Se-hathor*. Style de la XIIe dynastie.

191. — Stèle en pierre calcaire, de forme rectangulaire.

Haut. 0,20. — Larg. 0,17.

Ce petit monument est dédié par un personnage nommé *Bet-ta* qui rend son hommage à Osiris ; il prend la qualification de *uar-tu* (piéton ?) Il est assis au premier rang dans le bas de la stèle ; derrière lui une table d'offrandes qui le sépare d'un second personnage nommé *Sebek-hotep*. Derrière eux on voit une femme nommée *Annu*. Un fils nommé *Men* est représenté aux pieds de cette dernière. — Vers la XIIIe dynastie.

192. — Stèle en pierre calcaire, de forme rectangulaire, légèrement cintrée au sommet.

Haut. 0,24. — Larg. 0,14.

Les deux yeux mystiques surmontent une inscription de sept lignes qui conserve la mémoire d'un chef de ville (Toparque) nommé *Usertesen–Pepa,* fils de *Ankh-atef-s* et de sa famille. Sa femme se nommait *Nefer-t* comme une reine de la XIIe dynastie à laquelle appartient le monument. Son frère portait le nom de *Ra-kheper-ka-nubi.*

193. Stèle en pierre calcaire de forme rectangulaire, arrondie par le haut.

Haut. 0,33. — Larg. 0,18.

Dans le sommet un peu dégradé, on distingue l'anneau entre les deux yeux mystiques ; à droite et à gauche les plantes symboliques du Nord et du Midi. On lit ensuite la prière à Osiris au nom du chef des *dix royaux* (?), *Ran-senb*. Ce personnage est représenté assis devant la table d'offrandes et tenant un lotus. Son frère *Anhur-tutu-neschsem* est à genoux devant lui et lui dédie cette stèle *pour faire vivre son nom*. Le second registre est occupé par le père et la mère de *Ran-Senb* et par sa femme *Nubna*, qui paraît avoir été une des dames du palais (1). Vers la XIIe dynastie.

---

(1) *Bek-t-en-hak, servante du roi.*

194. — Stèle en pierre calcaire, de forme rectangulaire, légèrement arrondie par le haut.

Haut. 0,22. — Larg. 0,17.

Ce petit monument est couvert d'une prière à Osiris adressée tant en son nom propre, qu'au nom de sa famille par *Ptah-hotep* (le sculpteur?) fils de *Papi*. Le style et les noms propres portent à attribuer cette stèle à une époque reculée.

195. — Stèle de forme rectangulaire en pierre calcaire.

Haut. 1m,05. — Larg. 0,60.

Elle retrace les scènes ordinaires d'hommage funéraire. Le nom d'*Usertesen* qui domine dans cette famille et se suit pendant trois générations nous aide à placer le monument vers le milieu de la XIIe dynastie.

196. — Stèle en pierre calcaire.

Haut. 0,64. — Larg. 0,55.

Ce monument, de forme rectangulaire, contient trois scènes. Dans la première on voit, sur la droite, le principal personnage nommé *Se-kher-ta* assis auprès de son épouse *Ankhes*. Ils sont vêtus tous deux de longues tuniques : l'homme est coiffé d'une calotte et la femme de tresses qui dépassent ses épaules ; un serviteur leur présente un vase et une table destinée à poser les offrandes. *Se-kherta* est qualifié « fonctionnaire du *Khent* ou Intérieur. » Un groupe d'offrandes très-variées sépare ce couple des deux personnages assis à gauche. Ceux-ci sont le père de famille nommé *Nekht* et son épouse *Sent-Baï* : ils reçoivent la même offrande que leurs enfants ; elle leur est présentée par un personnage nommé *Nebes*. A leurs pieds est assise une femme nommée *Aba* respirant un lotus.

Le second registre contient les frères et sœurs de *Se-kerta* : l'aîné *Nakbkt* tient seulement les bandelettes de la main gauche ; son frère *Khati-heri* porte un bouquet et deux oies du Nil. Ils sont suivis de deux sœurs *Se-t-khonsou* et *Se-t-kherta* respirant des fleurs. On voit ensuite un autre frère nommé *Ameni* et une dernière sœur nommée *Kit*. Un serviteur vient ensuite portant les armes et les effets de son maître.

Le troisième registre contient la série des serviteurs de la maison. La première servante qualifiée (*kerpi-t*), *commandante*, porte le coffre où sont sans doute les plus précieux effets de sa maîtresse : elle se nomme *Se-t-Hator;* la seconde *Ankh-s* est qualifiée (*Khet-pa*), *compagne de la maison :* elle porte un panier. Un serviteur, deux autres servantes et deux esclaves terminent la rangée.

L'inscription principale de la stèle commence au sommet par deux lignes horizontales et se continue dans trois colonnettes verticales. Elle commence par la prière ordinaire adressée à Osiris, seigneur d'Abydos, en faveur de *Se-kherta* qui s'adresse ensuite aux hommes dans les termes suivantes : *O vous qui vivez sur la terre, qui faites votre route devant ce monument, soit en descendant (le fleuve), soit en remontant, vous qui aimez la vie et qui abhorrez la mort, répétez : Que beaucoup d'offrandes soient attribuées à celui qui a vécu devant le grand dieu, seigneur de la bonne Amenti, au commandant du Trésor, qui a accompli les désirs des hommes et les préceptes des dieux, Se-kherta* (1). *Il dit encore : J'ai donné de l'eau à celui qui avait soif et des vêtements à celui qui était nu. Je n'ai fait aucun mal aux hommes.*

Ce beau monument est de la XIIe dynastie ; son style ne laisse aucun doute à cet égard. On remarque particulièrement le dessin vigoureux des jambes nues du père de famille *Nakht* ; aucune stèle des époques postérieures n'offrirait un détail de ce genre aussi fortement accusé.

197. — Stèle en pierre calcaire peinte.

Haut. 0,56. — Larg. 0,38.

Dans le premier registre, un personnage qualifié *Senes* (?) et nommé *Amen-aa* est debout, entouré de sa femme *Heter-t* et de ses trois enfants.

Au second registre *Amen-aa* a fait figurer ses parents. Son père nommé *Ranef-ankhu* était fils de *Ata*.

L'invocation ordinaire est adressée à Osiris.

---

(1) Ici le nom propre est écrit par inversion *Kher-ta-se*.

198. — Stèle en pierre calcaire.

Haut. 1m,00. — Larg. 0,17.

Cette pierre, de forme rectangulaire, est décorée dans le sommet d'inscriptions tracées largement et d'un style ancien. Les deux premières lignes renferment l'hommage à Osiris et les deux suivantes la prière à Anubis, seigneur de *Tuf*, au nom d'un fonctionnaire civil nommé *Nem-ur*. Le même personnage implore ensuite le bienfait d'une sépulture heureuse, d'Anubis, seigneur de *Toser* et demande de nombreuses offrandes. *Nem-ur* figure en pied dans le bas de la stèle. Il porte ici les titres de *gouverneur de ville*, qui appartient ordinairement au chef du nôme, et de *Semer*, indication d'un rang élevé. Devant lui est son épouse *Nani*. Ils sont accompagnés de leur fils aîné, portant le même nom que son père, et qui a dédié le monument, dont le style indique la XIIe dynastie.

199. — Stèle en pierre calcaire, rectangulaire et cintrée au sommet.

Haut. 0,28. — Larg. 0.36.

Au sommet de la stèle sont gravés les yeux mystiques et le disque solaire; au-dessous sept lignes d'une inscription verticale. Elle contient l'hommage à Osiris d'un Égyptien nommé *Tata* fils de *Khem-aa*, qui est figuré, au-dessous de l'inscription, assis devant une table d'offrandes. Style de la XIIe dynastie.

200. — Stèle quadrangulaire en pierre calcaire.

Haut. 0,33. — Larg. 0,47.

Proscynème à la déesse *Bast* par un personnage nommé *Mentuhotep* qui est représenté assis devant une table d'offrandes, ayant derrière lui sa femme *Kiu;* devant lui sont ses trois fils *Amenemha*, *Antef* et *Mertetef*. XIIe dynastie.

201. — Stèle en pierre calcaire (donnée par M. Harlé).

Haut. 0,60. — Larg. 0,38.

Au sommet, les deux yeux mystiques. Au-dessous, à gauche sont figurées deux femmes debout, tenant le fouet sacré. La légende gravée devant la première la nomme *Tauau*. La seconde porte le nom de *Tahuti* et une petite fille, celui de *Tahutmes*. A droite, deux hommes debout, sans attribut particulier; le second se nommait *Rasotem*. Quant au premier, nous croyons qu'on doit lui attribuer la légende qui occupe la ligne du milieu, laquelle paraît se continuer par la ligne horizontale. L'ensemble se lirait : *pa-mes, se rapahak aa ta ankh t'eta*; ce qu'on peut traduire par *celui qui a enfanté le fils du soleil, Pa-hak aa, vivant à toujours*. Cette interprétation est fortifiée par l'étude de la figure principale du bas de la stèle. En effet on y remarque, à gauche, un homme debout, un poignard passé dans la ceinture et portant sur l'épaule la hache divine ⌉. Ce symbole peut indiquer également la qualité de *père divin*, ce qui était le titre officiel du père d'un pharaon, quand il n'avait pas lui-même porté la couronne. Le nom d'*Ahmes*, écrit en gros caractère, appartient à ce personnage, sa femme se tient près de lui, la main passée sur son épaule : nous ne pouvons reconnaître son nom. On ne voit pas au premier coup d'œil le rapport de parenté qui existe entre cet *Ahmes* et la dame *Tauau*, en l'honneur de laquelle l'hommage est adressé à *Ptah-sokar-osiri*. Cependant on peut remarquer que, d'après l'inscription principale, le personnage qui lui dédie ce monument est son fils, nommé *Bak*. De plus, au milieu de la scène inférieure, on voit auprès d'*Ahmes*, un homme dont la légende (*Bak-sen*) peut se traduire par *Bak, frère*. Il semble résulter delà que *Bak* et *Ahmes* étaient les deux frères et que la dame *Tauau* était la grand mère du roi inconnu auquel appartient le cartouche mentionné ci-dessus. Le nom est dégradé on lit clairement *pa-hak, le roi*; mais les deux signes suivants sont douteux. On peut lire [hiéroglyphes] *aa grand*, ou [hiéroglyphes] *aah-nekht* : ce qui pourrait être le nom abrégé *Ahmes nekht* variante déjà connue du nom d'*Ahmes Ier*. Quoi qu'il en soit, les caractères de cette stèle la font classer sans hésitation vers la fin de la XVIIe dynastie. Dans la stèle d'*Ahmes-Pennekheb*, un Pharaon du même temps est également désigné par le mot *Pa-hak*, renfermé dans un cartouche. V. C., no 49. Ce monument excite vivement la curiosité sans fournir des moyens assurés pour la solution du problème qu'il présente.

202. — Stèle en pierre calcaire.

Haut. 0,87. — Larg. 0,36.

Première scène. Osiris infernal auquel un Égyptien nommé *Smen* adresse ses hommages. Ce personnage occupait un rang assez élevé sous Touthmès IV (XVIIIe dynastie) : il avait le titre de *porteur d'ombrelle,* et se qualifie *le favorisé du roi depuis sa naissance*. Il donne deux fois à Touthmès IV le titre de conquérant de la Syrie (*Kharu*) (1).

Dans le second registre, le même personnage est accompagné de sa femme *Hes-ra* et de sa mère *Naa,* et suivi d'un autre couple dont la parenté n'est pas indiquée. *Smen* prend encore le titre de *capitaine du Meri-Amen*. Cette qualification qui désigne le roi est en partie martelée à cause du nom d'Ammon. Le nom de *Smen* a aussi subi le même outrage, sans doute à cause de la syllabe *men* ou parce que l'oie *smen* était dédiée au dieu Ammon.

L'inscription qui termine le monument renferme l'invocation à Osiris et aux dieux funéraires.

203. — Stèle en pierre calcaire, cintrée au sommet.

Haut. 0,43. — Larg. 0,26.

En haut, l'anneau et le vase, entre les deux yeux mystiques.

Premier registre, Osiris tenant le sceptre divin un autel chargé d'offrandes. Un Égyptien et sa femme, debout, lui adressent leurs hommages. L'homme se nommait *Hor* ; i était *grammate de l'armée,* du temps d'Aménophis III. Le nom de la femme est à moitié effacé, *Taparet?*

Dans le second registre, les mêmes personnages reçoivent

(1) Cette mention est d'autant plus précieuse pour l'histoire que nous ne possédons pas le récit des expéditions de Touthmès IV.

l'hommage funéraire d'un autre grammate de l'armée *Mont-em....*, qui était probablement leur fils. Il est assis à son tour de l'autre côté avec sa femme, devant la table des offrandes funéraires. Il a, en cet endroit, un nouveau titre qui fixe l'époque précise du monument, c'est celui de « chef de la maison de la reine *Taïi*, femme d'Aménophis III. » Au-dessous, six personnages de la même famille. Une invocation funéraire en deux lignes termine le monument : elle est au nom du *grammate des soldats du roi*, *Hor*.

204. — Stèle en pierre calcaire, sculptée et peinte.

Haut. 0,42. — Larg. 0,27.

Premier registre. *Nekht-kem*, auditeur de justice, adresse ses hommages à Aménophis III et à la reine, son épouse.

Second registre. Une sœur et quatre enfants de ce personnage dans l'attitude de l'adoration. On y distingue le nom du père de famille *Pentauer*.

205. — Stèle en pierre calcaire.

Haut. 0,56. — Larg, 0,30.

Elle a été dédiée par un capitaine du roi, nommé *Meri-ra*. Dans le premier registre, son père *Atef-neb-ma* et sa mère *Hapiu* apparaissent avec son frère *Taï*. Dans le second, *Merira* et sa sœur *Asartis* reçoivent les hommages de deux fils *Nefer-ha-t* et *An-ha-t*. L'inscription contient la demande à Osiris des biens funéraires pour le capitaine du roi, *Merira*, fils d'*Atef-ma*, et la prière se termine par le souhait de la *résurrection en âme vivante*.

206. — Stèle en pierre calcaire.

Haut. 0,61. — Larg. 0,33.

Dans le milieu, l'anneau entre les deux yeux mystiques ; à droite et à gauche, deux flammes qui paraissent remplacer ici les deux chacals du Nord et du Midi, lesquels portent quelquefois les noms de *grand feu* et *petit feu*.

Premier registre : un Égyptien debout, tenant le grand bâton des chefs : devant lui sont des tables chargées d'offrandes et deux oiseaux volant. La légende qui l'accompagne contient sa prière à Osiris pour obtenir une heureuse vieillesse et une bonne sépulture. Ce personnage qui se nommait *Nefer-naï* se qualifie « gardien de l'arc. » Ce qui peut signifier simplement *archer*.

Le deuxième et le troisième registre contiennent ses femmes et d'autres personnages de sa famille.

(Donné par M. Révoil.)

207. — Stèle en pierre calcaire.

Haut. 0,47. — Larg. 0,65

Ce monument de forme cintrée représente les dieux ordinairement invoqués à Abydos : Osiris infernal assis sur son trône, Horus fils d'Osiris et Isis la grande mère, souveraine du ciel. Anubis est debout derrière cette déesse : il porte l'une de ses qualifications ordinaires *Ap-matennu* « guide des chemins célestes. » Le personnage qui leur adresse sa prière porte le nom de *neb t'efau*. Il était « porteur d'ombrelle, » c'est-à-dire officier d'un grade assez élevé, et commandait les nautonniers d'un personnage ou d'un navire, dont le nom n'est pas tracé d'une manière très-distincte et dans lequel je crois reconnaître une barque sacrée d'*Aten-Ra*. Sa main droite tient le vase à libations, la gauche élève un vase chargé d'offrandes ou de parfums enflammés.

(Vers la fin de la XVIIIe dynastie.)

208. — Stèle en pierre calcaire à sommet triangulaire.

Haut. 0,62. — Larg. 0,37.

Au sommet est un chacal couché portant les sceptres et le fouet sacrés. Au-dessous Osiris recevant les hommages de deux hommes et d'une femme; devant le dieu, un bouquet de lotus sur lequel reposent quatre petites figures en forme de momies. La légende les désigne comme des nautonniers (*schabu?*)

Le premier paraît s'être nommé *Ka* fils de *Nehet*, le second *Patem*. La femme, chanteuse d'Ammon a son nom illisible.

Dans le second registre une barque est figurée avec deux nouveaux personnages. La proue est ornée d'un sphinx diadème. Le chef des nautonniers *Maa-nahes-em-an* s'y tient debout. Au gouvernail est l'autre chef des nautonniers nommé *Panahsi*. L'un et l'autre faisaient partie d'un service public nommé le *seka* (?) du pharaon.

Cette stèle provient des fouilles du Sérapéum.

209. — Stèle en pierre calcaire.

Haut. 0,80. — Larg. 0,53.

Au sommet, au-dessous du disque ailé, le basilico-grammate *Amenemap*, fils de *Piaï* et de la dame *Khaa*, est debout en adoration devant Osiris, roi des régions funéraires, assis dans un *naos*. Devant le dieu est un autel chargé d'offrandes avec deux amphores. Devant le personnage, une prière à Osiris est gravée en cinq colonnes. Plus bas, à gauche, l'arbre de vie, qui a des bras humains, verse l'eau et présente des fruits au défunt et à sa femme qui sont agenouillés et qui reçoivent l'eau dans leurs mains pour la boire; leur âme placée à côté d'eux boit aussi de la même manière. A droite, le même personnage est debout en adoration devant la vache *Hathor*, qui semble sortir d'une montagne, surmontée d'une tête humaine et représentant la région funéraire. Devant lui est un autel chargé de feuillages (?). Au-dessous, un prêtre revêtu de la peau de panthère fait une libation et présente l'encens à une momie placée debout devant la porte d'un tombeau et qu'une femme en pleurs et agenouillée entoure de son bras. Derrière le prêtre, deux personnages sont debout dans l'attitude du désespoir : le premier porte le titre de basilicogrammate comme le défunt. Tout en bas est une ligne horizontale d'écriture hiéroglyphique : *Adoration à Ra-Armakhu, seigneur du disque aux rayons d'or, quand il apparaît dans la barque de l'Orient.*

Les légendes des deux registres inférieurs sont très-frustes et en partie indéchiffrables.

Style de la XIXe dynastie. Ce monument provient des fouilles du Sérapéum.

210. — Stèle de forme carrée, en pierre calcaire.

Haut. 1^m,00. — Larg. 0,82.

Dans la scène principale sculptée un peu en retraite, *Osiris, seigneur éternel* est adoré par un homme, une femme, un jeune homme et une jeune fille. Les légendes nous apprennent que le principal personnage se nommait *Ptahmaï*. Sa sœur *chanteuse de la déesse Bast, Aui*, est auprès de lui : on apprend par une autre légende qu'elle était aussi sa femme. Son fils (?) et la femme de celui-ci *Maat* viennent ensuite. Une série de onze personnages de sa famille remplissent un second registre. Les fils se nomment *Hui*, *Apu*, *Pen-rannu*, *Ptah-maï* et portent tous le même titre, qui semble se rapporter à un ordre de recettes dont le père *Ptah-maï* et le fils *Iua* étaient les chefs.

Dans les deux lignes qui terminent la stèle *Iua* prononce l'allocution à la postérité : *O hommes qui viendrez après ces (temps) répétez mon nom bien des fois. J'ai attesté la vérité : faites de même quand la vieillesse se sera aggravée.*

Le sommet de la stèle est décorée d'une barque où le soleil est adoré par deux cynocéphales, quatre génies et un personnage agenouillé.

L'inscription de la corniche est au nom du *receveur de la demeure de vie Amen-uah-su*, fils de *Semut*.

D'autres inscriptions qui complètent la décoration mentionnent des adorations au soleil sous ses diverses formes de la part du chef de la recette de (?) *Iua* et de sa femme *Maa*.

Ce monument provient des fouilles de M. Mariette au Sérapéum.

211. — Stèle en pierre calcaire, de forme rectangulaire et cintrée par le haut.

Haut. 0,69. — Larg. 0,61.

Au sommet l'anneau et le signe des eaux ; à droite et à gauche, les deux yeux d'Horus et les deux vases.

La scène principale représente Osiris sous un naos. Le dieu porte les attributs du juge infernal ; devant lui un autel chargé d'offrandes. Sur la droite, un prêtre du dieu *An-hur* nommé *Penteni* est en adoration ; sa tête est rasée, il est vêtu de la *sabu* courte et ses pieds sont chaussés de sandales ornées d'une bride élevée qui les rattache sur le cou-de-pied.

La stèle se termine par une prière adressée à Osiris, Anubis et *Ap-matenu*, dieux infernaux, pour qu'ils accordent à *Penteni de briller dans le Ciel avec le Soleil, d'être puissant sur la terre avec le dieu Seb, d'être reconnu juste dans l'Amenti auprès d'Osiris, de respirer les parfums sacrés et de jouir de toutes les offrandes ordinaires des défunts*. *Penteni* demande ensuite aux dieux *une bonne sépulture après la vieillesse, d'être enseveli à l'occident de sa ville et d'être ensuite libre de sortir comme une âme vivante pour prendre toutes les formes qu'il lui plairait*. *Penteni* finit en nommant sa femme *Tuau*, son père, le prêtre *Tataï* et sa mère la dame *Apu*.

Ce monument provient d'Abydos; le nom de *Penteni* et ses fonctions de prêtre au temple d'*Anhur* montrent qu'il habitait à *This* ou *Thinis*, chef-lieu du nome d'Abydos.

(Catal. Anastasy, 52.)

212. — Stèle en pierre calcaire, cintrée par le haut.

Haut. 0,51. — Larg. 0,40.

Au sommet, le disque ailé.

La scène principale se compose d'Osiris, revêtu de ses attributs de juge infernal; devant lui est un autel chargé d'offrandes. Un personnage coiffé du cône avec deux boutons lotus de lui offre l'encens. L'inscription gravée au bas de cette scène nous apprend qu'il s'agit d'un acte d'adoration adressé à Osiris et à Isis, la grande mère, pour qu'ils accordent les biens célestes à un prêtre d'Ammon Thébain et de *Khem*, seigneur de *Apu* (Panopolis) dont le nom est difficile à lire. Il était fils de *Pen-uer-heku*.

Le style paraît annoncer la XVIIIe dynastie.

(Catal. Anastasy, 67.)

213. — Stèle en pierre calcaire de forme rectangulaire.

Haut. 1^m^,26. — Larg. 0,93.

La partie gauche de la représentation montre le profil d'un naos dans lequel est figuré le roi *Seti Ier* (XIXe dynastie), avec figure jeune et imberbe. Il se penche en avant sur une sorte de balcon où s'appuie sa main gauche et semble adresser la parole au personnage qui est devant lui. Celui-ci lève les bras en signe d'allégresse pendant qu'un serviteur lui attache un grand collier à plusieurs rangsCette scène représente la cérémonie de l'investiture d'un collier d'honneur accordé par le pharaon à un fonctionnaire éminent. C'est ce qui résulte également des discours gravés snr la stèle auprès des personnages. « *Le roi dit aux chefs qui approchent sa personne : Donnez plusieurs colliers d'or au favorisé, chef du (gynécée?) royal Har-khem. Il jouit d'une longue vie et d'une vieillesse heureuse sans (reproches?) et sans faute*, dans le palais..... *dons une bonne sépulture.* »

« *Le fonctionnaire, intendant du (gynécée?) royal... Har-khem le véridique, dit: Tu es heureusement monté sur le trône, bon roi! aimé comme Ammon. Tu resteras à toujours comme le soleil, ton père, accomplissant sa période, ô roi qui fais le bien aux hommes en entendant tes paroles..... Tu m'as rendu grand par tes bienfaits. J'ai atteint une vieillesse heureuse sans être trouvé répréhensible.* »

Une inscription de quatre lignes vient ensuite et contient une adoration au dieu *Ptah*, dont les termes sont assez remarquables :

Hommage à Ptah, seigneur de la justice, âme divine, vivant en vérité, créateur des dieux et des hommes, seigneur universel, qui illumine les mondes! Qu'il accorde une vie bonne et heureuse sur la terre, d'y passer une période tranquille, et une belle sépulture due aux bienfaits du roi. Qu'il accorde que l'Osiris, chargé du (gynécée?) royal, Har-khem, le véridique, entre parmi les dieux qui ne marchent pas, et qu'il brille parmi les dieux qui ne reposent pas (1). *Qu'il te soit fait une grande offrande dans la demeure où tu es introduit; que ton corps devienne saint comme le corps éternel* (2) *; que ton*

(1) On n'est pas bien d'accord sur le sens de cette phrase, qui désigne, en tout cas, les constellations qui jalonnent dans le ciel la marche des âmes à la suite d'Osiris.

(2) Celui d'Osiris.

âme s'y repose et qu'elle goûte les biens de la demeure de Unnefer. Qu'Anubis te fasse l'embaumement de..... qu'Isis te donne son lait. Que l'hymne funèbre te réjouisse en tous lieux; que le sam te l'adresse, que le prêtre t'exalte! Lorsque l'on fait le sacrifice de la cuisse de bœuf à l'âme qui se divinise dans l'Amenti, Unnefer veut qu'elle soit exaltée devant le dieu Ra.»

Cette dernière phrase montre le prix qu'on attachait à l'offrande privilégiée de la cuisse de bœuf et nous explique pourquoi cette offrande figure si souvent dans nos stèles funéraires.

Ce monument d'un haut intérêt à plusieurs titres divers, a été rencontré par M. Mariette dans les fouilles pratiquées autour de la tombe d'Apis.

214. — Stèle en pierre calcaire.

Haut. 0,54. — Larg. 0,38.

Elle est divisée en deux registres. Dans le registre supérieur Osiris est assis : derrière lui se tiennent debout Isis et Nephthys, suivies d'un personnage dont on ne distingue plus que les jambes. Entre les deux déesses, le cartouche de la reine *Ahmès-nefer-t-ari*.

Dans le second registre, le dieu *Ra* et Anubis sont adorés par un Égyptien et par sa femme, dont les légendes sont presque illisibles.

215. — Stèle en pierre calcaire.

Haut. 0,78. — Larg. 0,52.

Dans le cintre, le chacal sacré, symbole d'Anubis reposant sur un monument. Il a le col orné d'une bandelette; devant lui est un autel chargé d'offrandes. Sa légende le caractérise comme *le guide céleste des routes du midi,* et *commandant aux deux mondes, dieu grand, seigneur de Ru-sta.*

Dans le bas de la stèle, un personnage est figuré debout et dans l'attitude de l'adoration. Il était chef des prophètes d'Ammon, générateur, c'est-à-dire de la forme ithyphallique de ce dieu vénéré dans le sanctuaire de Karnak, à Thèbes, et dans plusieurs autres villes importantes. Cinq colonnettes d'hiéroglyphes contiennent sa prière à Osiris et Anubis : *Adoration à Osiris ! Prosternation à Ap-matenu. Hommage à vous, dieux de To-ser, qui vivez dans la vérité, chaque jour. Je viens vers vous, je suis pur. Mon cœur, il n'y a pas de malice en lui. Je suis un apprécié du roi, le loué du dieu bienfaisant, le premier prophète de Khem, Nekht-khem.*

216. — Stèle de pierre calcaire sculptée, à deux registres.

Haut. 0,80. — Larg. 0,55.

En haut, le chacal d'Anubis couché sur un pylone; devant lui, diverses offrandes. Dans le champ, la légende du dieu : « *Le guide des chemins du nord, seigneur de To-ser.* »

Au-dessous, le prêtre *Nekht-khem*, vêtu de la peau de panthère, debout en adoration, et devant lui six colonnes d'hiéroglyphes contenant sa prière.

Cette stèle, qui forme le pendant de la précédente, est dédiée par le même personnage à Osiris et au protecteur des chemins célestes du nord. Elle nous apprend l'origine du monument et nous fait voir que *Nekht-khem* était chef du sacerdoce à *Apu* ou Panopolis, dont Ammon ithyphallique était en effet la principale divinité.

217. — Stèle en pierre calcaire.

Haut. 1m,03. — Larg. 0,56.

Dans le cintre le disque ailé; dans le champ le roi Ramsès III, *Hak anu*, offre deux vases au dieu Horus, fils d'Isis, qualifié *Palme d'amour*. Le nom et les titres du roi sont répétés dans l'inscription de deux lignes qui termine le monumeut : il en fait la dédicace au dieu nommé ci-dessus.

218. — Stèle en pierre calcaire.

Haut. 1m,20. — Larg. 0,64 (1).

Au sommet un long cartouche contenant la légende entière

(1) Cette stèle, qui souffrait beaucoup de l'humidité, a été remontée en magasin.

de *Ramsès II meriamum, aimé d'Osiris, dieu infernal, seigneur d'Abydos.*

Premier registre. Une société divine composée d'Osiris, Horus, Isis, Nephthys, *Ptah-tatanen* et *Tahut*. Ces dieux sont adorés par deux individus; le premier est *Khem-mes* qualifié *scribe royal de la demeure de la Justice*; le second est son fils *Ronaraa*. Dans le second registre, *Khemmes* présente la libation et l'encens à ses parents qu'accompagnent six autres personnages.

L'inscription de douze lignes qui complète le monument contient d'abord quelques titres de *Khemmes* et des souhaits funéraires : *Le basilicogrammate, chef des mystères du ciel, de la terre et des enfers, qui trace les images de tous les dieux; l'écrivain de la vérité dans la demeure de la Justice, Khemmes le véridique, surnommé Kanra, fils de la prêtresse d'Isis, Ani.* Après de nouveaux titres de *Kemmes*, qui *présidait aux comptes des tributs du nord et du midi*, vient un hymne à Osiris, dont la teneur mérite l'attention, et qu'on peut traduire ainsi : *O (dieu) qui traverse le temps et dont l'existence est éternelle, Osiris, chef de l'Ament, Unnefer, dieu qui fait justice, seigneur des siècles, roi de l'Eternité! Fils préféré, engendré par Seb, premier né du sein de Nu-t, seigneur de Tatu, roi d'Abydos, roi suprême de la région d'Akar, seigneur des joies, grand par les terreurs, esprit sacré dans Naru, gardien divin qui se complaît dans la justice; plus grand que son père, plus puissant que sa mère. Seigneur, de qui vient l'existence! Le grand des grands, supérieur à ses frères; le fils de la couronne blanche, enfanté par la couronne rouge; le maître des maîtres, le roi des rois, le souverain des dieux! Les deux mondes t'ont été donnés par ton père Atum. La vérité repose devant ta face, je me réjouis en contemplant ses splendeurs. C'est Tahut qui te l'a donnée, ses clartés sont dans les clartés de la bouche de ce dieu. Les êtres qui proviennent de vous* (1), *qu'ils fassent partie des dieux ou des hommes, tu fixes leur place dans l'Ament, ils t'implorent. Ceux qui viennent par millions de millions abordent à la fin vers toi. Ceux qui sont encore dans les flancs ont*

(1) Ce pronom au pluriel associe Thoth à l'action créatrice.

la face dirigée vers toi. Il n'y a pas de retard dans toute l'Égypte pour venir vers toi, ni dans les grands ni dans les petits. Tous ceux qui vivent sur la terre arrivent à toi, tous ensemble. Tu es leur seigneur à l'exclusion de tout autre. Tous le disent ensemble, soit qu'on descende, soit qu'on remonte le fleuve. Le jour se passe et tu renais le matin (dans la majesté du Ra?) Les êtres et les non-êtres dépendent de toi !

Le texte finit par une nouvelle légende de *Khemmes :* « *L'écrivain royal, l'écrivain qui met en lumière le chef des mystères dans la demeure de Neith.... le citoyen de Saïs qui demande à Osiris les souffles de la vie.*

(Catalogue Anastasy, 63.)

219. — Stèle en pierre calcaire.

Haut. 1m,00. — Larg. 0,67.

Au sommet, un Égyptien vêtu d'une tunique qui s'étend devant lui et portant en outre la peau de panthère, est agenouillé devant Osiris et Horus.

Le trône d'Osiris est placé sur un socle en forme de coudée; devant lui, quatre figurines, en forme de momies, sont debout sur la fleur de lotus. Derrière Horus on voit un autel et une autre fleur semblable. Les légendes nous apprennent que l'adorant est le premier prophète d'Osiris *Iuiu,* fils d'*Unnofré* (1).

Unnofré, dans un second registre, adore quatre déesses dont les noms suivent :

1° Isis, de *Pa-mes.*
2° *Hak,* dame du ciel.
3° *Nu-t,* la lumineuse, qui a engendré les dieux.
4° *Schent,* dame du ciel.

Dans le bas du monument, neuf lignes de texte hiéroglyphique qui contiennent le discours funéraire adressé au lecteur par *Unnofré,* fils de *Iuiu* et prêtre d'Isis. *Le premier prophète d'Isis, Unnofré, fils du premier prophète d'Osiris, Iuiu... dit : Hommes*

(1) Voir, pour cette famille, ci-dessus A, 63.

d'Abydos, je vais vous faire connaître les bienfaits que le dieu dans ses desseins a départis au serviteur de son temple. Sa faveur avait fait prêtre d'Hor, fils d'Isis, Unnofre, fils de Iuiu. Ce dieu a commencé à l'élever en dignité dès son enfance (pieuse?). Il a fait pousser ses rameaux chaque jour comme la plante aïh (?) dans la prairie. Avec chaque jour venaient ses faveurs. Le dieu lui a donné l'amour des gens d'Abydos... Le roi a distingué son mérite. Il s'est mêlé aux grands de la cour. ... Il fut l'honneur du nôme d'Abydos. Les dieux se réjouirent de ses conseils..... »

Cette inscription qui n'est malheureusement pas lisible également dans toutes ses parties s'ajoute heureusement à celles qui nous ont déjà fait connaître la famille des grands prêtres d'Abydos sous la XIXe dynastie.

220. — Stèle en pierre calcaire.

Haut. 0,45. — Larg. 0,31.

Premier registre. Osiris assis devant un autel couvert de vases et de fleurs. Devant lui, un personnage debout, la tête rasée, joue de la harpe. Sa légende apprend qu'il se nommait *Piaï*. Derrière lui, un *uau* (capitaine) nommé *Hui* s'associe par une offrande à l'hommage à Osiris.

Second registre. La mère de famille nommée *Tara* est assise. Une femme debout nommée *Meri-Ptah* lui verse à boire; deux autres femmes de la famille portant les noms de *Uart* et de *Tatara* accompagnent les premières.

Cette stèle est du style de la XIXe dynastie, elle n'a de remarquable que la scène de la harpe assez rare parmi les hommages adressés à Osiris.

(Donnée par M. de Carfort.)

221. — Stèle en pierre calcaire, à sommet triangulaire, sur un cintre.

Haut. 0,60. — Larg. 0,24.

Au sommet un chacal debout sur le piédestal en forme de porte de tombeau. Dans le cintre, au-dessous l'anneau, le vase et les deux yeux. Dans le premier registre, un Égyptien nommé *Maï* présente les parfums et la libation à sa femme.

Au second registre, un prêtre debout, et quatre femmes assises.

L'inscription de quatre lignes qui termine la stèle contient la prière funéraire au nom d'*Amen-ha* qui paraît le père du dédicateur.

222. — Stèle en pierre calcaire.

Haut. 0,60. — Larg. 0,37.

Au sommet, le disque ailé d'où pendent deux uræus. La scène principale se compose d'Osiris et d'Isis adorés par deux personnages. L'homme se nommait *Nesa-khons*, fils d'*Ura-khons* et de la dame *Aah-Artaïs*.

L'inscription contient sa prière à Osiris.

(Provient des fouilles de M. Mariette.)

223. — Stèle en pierre calcaire.

Haut. 0,55. — Larg. 0,32.

Au sommet, le disque ailé orné de deux uræus. Premier registre, Anubis en forme de momie à tête de chacal, accompagné de deux autres divinités semblables, mais à tête humaine, reçoit l'hommage d'une famille égyptienne dont les noms sont peu lisibles. On distingue ceux de *Unbeset* et *Hapiartis*.

D'autres figures de personnages sans noms remplissent le bas de la stèle, qui appartient à une très-basse époque.

224. — Stèle en pierre calcaire, très-dure et jaunâtre.

Haut. 0,42. — Larg. 0,28.

Au sommet, le disque ailé orné de deux uræus. Au-dessous, Osiris, assis sur un trône, est accompagné d'une déesse *Ma* étendant ses ailes et présentant des plumes sur ses deux mains. Devant ces dieux, un autel et un énorme bouquet de lotus. Les légendes ne sont pas terminées. Elles appartiennent à une très-basse époque, et les noms des personnages qui sont représentés en adoration sont peu lisibles.

(Provient des fouilles de M. Mariette.)

225. — Stèle en pierre calcaire.

Haut. 0,47. — Larg. 0,29.

Dans le cintre, un anneau et un œil symbolique. Au-dessous, un Égyptien est assis sur un siége à pieds de lion. Il respire le parfum d'une fleur de lotus. Devant lui est une table d'offrandes. Un prêtre, monté lui-même sur cette table, lui offre l'encens et la libation. L'inscription nomme *Amenhotep* comme étant l'objet de ces hommages.

226. — Stèle en pierre calcaire.

Haut. 0,89. — Larg. 0,38.

Le signe du ciel recourbé suit le bord supérieur du cintre qui est rempli par le disque ailé, orné de deux uræus. Le tableau est occupé par Osiris assis sur un trône et par Isis la grande, la tête ornée du disque et de deux cornes de vache. Un Égyptien, nommé dans sa légende *Pe-ankh-em-tanen,* se tient debout en adoration devant ces dieux. Deux sceptres encadrent cette représentation.

Dans l'inscription de six lignes gravée au-dessous du tableau, on lit la prière funéraire de *Pe-ankh-em-tanen*, fils de *Hotep-beset*; cette dame est, à son tour, dite fille de *Tahut-artais*. La prière se termine par les mots suivants, qui indiquent l'origine memphite du monument : *Qu'il te soit donné des pains sacrés dans la demeure de Ptah-Sokari au jour où tu te joindras aux dieux, pour voir la grande panégyrie dans le mur blanc.....*

(Provient des fouilles de M. Mariette.)

227. — Stèle en pierre calcaire, peinte.

Haut. 0,31. — Larg. 0,22.

Au sommet, le disque ailé. Au-dessous, le dieu *Ra* hiéracocéphale et tenant le sceptre divin, la tête surmontée d'un disque rouge et d'un uræus, se tient debout sur un piédestal en forme de coudée. Auprès du dieu est écrit le nom *Armakhu*. Un autel chargé d'offrandes est devant le dieu; un Égyptien nommé *Petisis* est représenté debout et en adoration devant lui. Dans l'inscription qui termine la stèle, il demande à Osiris la grâce d'une bonne sépulture.

228. — Stèle en pierre calcaire.

Haut. 0,31. — Larg. 0,18.

Dans le cintre, les deux yeux symboliques. Au-dessous, une inscription hiéroglyphique de six lignes. Elle nous apprend que la stèle a été dédiée par un individu nommé *Ran-aker*, fils de *Ra-Ptah*, qui est qualifié *scribe du nome*. Elle est consacrée à la mémoire de son frère *Hor-mena*, fils de la dame *Senuer*, qui était prêtre de l'Horus d'Edfou (*Har-hut*).

Ce personnage est figuré dans le bas de la stèle assis et respirant une fleur de lotus. La prière est adressée au dieu *Sep*, Osiris dans la ville de *Sep* (1).

229. — Stèle en pierre calcaire, brisée par le milieu.

Haut. 0,48. — Larg. 0,30.

Au sommet, le disque ailé, orné de deux uræus. Au-dessous, l'anneau, le vase et l'eau. Deux Anubis, sous forme de chacals, sont aux deux côtés. Au-dessous, Osiris, Horus et Isis sont adorés par une femme nommée *Takhara*, qui est suivie de son père *Nekht* et de sa fille *Isartais*. Ces trois individus ont la tête surmontée d'un cône qui semble orné de feuillage. L'autel, devant les dieux, supporte un vase et une fleur. L'inscription de six lignes contient la prière adressée à Osiris d'Abydos par *Takhara* et sa famille. Elle nous apprend que *Takhara* était prêtresse (*Ahi-t*) d'Osiris infernal, sa mère avait le nom de (*Ariuru?*), fort usité sous les Saïtes.

230. — Stèle en pierre calcaire, cintrée par le haut.

Haut. 0,38. — Larg. 0,26.

Au sommet, l'anneau et les deux yeux. Dans le champ, un

(1) Comparez à cette désignation le dieu *Septi*, protecteur du nome de l'*Arabie*, et *Sap*, dieu du 18e nome de la Haute-Égypte.

Égyptien est assis et respire la fleur de lotus : il se nommait *Maa* et était employé au temple de Ptah. Il est accompagné de deux femmes. Une inscription de deux lignes termine la stèle : elle contient la prière funéraire adressée à Osiris.

(Catalogue Anastasi, n° 50.)

231. — Stèle en pierre calcaire, peinte.

Haut. 0,44. — Larg. 0,25.

Au sommet, le disque ailé avec deux uræus et la légende ordinaire du dieu *Hut*.

Premier registre. Osiris, seigneur de *Ru-sta*, Isis, *la grande mère divine*, et Nephthys, *la divine sœur*. Devant ces divinités, un prêtre de *Ptah* à Memphis, nommé *Petubast*, est debout ; il porte suspendu à son cou une image de la déesse *Ma*.

Une inscription démotique de cinq lignes termine la stèle. Elle contient une prière du dédicateur à *Ptah-Sakru-Osiris*, *dieu grand*, *seigneur de Scheti*. Parmi d'autres titres sacerdotaux que prend *Petubast*, on voit qu'il était prêtre de *Bast* à la résidence memphite de *Ankh-ta*. Linscription se termine par la date de l'an x de l'un des Ptolémées, qui n'est pas autrement désigné.

(Cette stèle provient des fouilles de M. Mariette.)

232. — Stèle en pierre calcaire.

Haut. 0,80. — Larg. 0,50.

Au sommet le disque ailé, orné de deux uræus. Les légendes qui l'accompagnent lui donnent le nom des deux principales formes du dieu Horus d'Edfou.

Le premier registre contient deux scènes : à droite, la triade d'Osiris, Isis et Horus reçoit l'hommage d'un prêtre d'Abydos nommé *Peti-har-pe-khruti* ; à gauche, il adresse son adoration à (?) Nephthys et Thoth. Le tableau qui occupe le bas de la stèle montre le même personnage assis avec son épouse *Ise-ta-ari* ; devant eux une table chargée d'offrandes. Leur fils aîné, nommé *Imhotep*, qui était prophète de Thoth et occupait plusieurs autres charges à Abydos, est debout. Le même *Imhotep*, dans la partie droite, est assis, à son tour, avec sa femme *Am-pet* et reçoit l'hommage de son fils, nommé *Peti-har-pe-khruti*, comme son aïeul.

Le cintre de la stèle est rempli par une inscription de quinze lignes dont le texte intéressant est malheureusement coupé par beaucoup de lacunes.

Après l'invocation funéraire adressée à tous les dieux adorés dans les temples d'Abydos, *Peti-har-pe-khruti* énumère ses fonctions et fait une allocution à ses collègues. Il se qualifie, *le directeur des nautonniers, le basilicogrammate du midi, l'écrivain du territoire du domaine sacré d'Abydos, le grammate administrateur, gardien du trésor, de la seconde tribu sacerdotale.... d'Abydos, le 4e prophète d'Ammon à User-hat, le 4e prophète d'Osiris à Uupeka, le prophète de Mehut à Abydos, Peti-har-pe-khruti, fils d'Horus (qui avait les mêmes charges), sa mère la dame Kharat-ankh, la véridique. Le basilicogrammate Peti-harpekhruti dit : O prêtres ! qui avez pénétré la doctrine sacrée (habiles ?) dans l'écriture, exercés dans la double demeure de vie* (1)*; vous qui avez trouvé les.... des dieux, qui avez pénétré dans les écritures de la demeure des livres, qui avez compris le livre de l'âme du soleil* (2)*, habiles dans... des ancêtres ; vous dont le cœur sait ce qui est gravé sur la muraille du tombeau, qui comprenez.....; vous qui venez vers Ru-sat, qui entrez dans le To-ser..... à ce monument. J'ai adoré le dieu en voyant les écritures ! En effet, je suis un homme appartenant à son dieu, j'ai grandi en l'invoquant ; j'ai marché suivant les rites des anciens : j'ai conçu les desseins qui (conviennent aux hommes) distingués. Habile dans mes computations, connaissant les principes de l'administration dans les affaires du pays ; instruit dans les sciences sacrées, dans les invocations....; versé dans toutes les connaissances ; celui qui a mis le bien dans son cœur pour toutes ses actions. Bienveillant, parfait dans ses grâces, excellent en toutes choses ; il a accompli tous les désirs de son dieu, il a acquis la faveur de ses concitoyens. Il a fait....; sa mémoire est louée par tous les hommes, le basilicogrammate Petiharpekhruti.*

(1) Un des noms du collége des hiérogrammates.

(2) *Bi-ra*, cette expression paraît synonyme de *livre sacré*, en général.

Il dit : Des combats ayant eu lieu.... parmi les populations d'Abydos, je n'ai fait mettre à mort personne; j'ai été intelligent au temps de ma puissance; j'ai eu ma faiblesse présente dans mon cœur au temps de ma force. J'ai conçu (*pour eux*) *les projets des hommes sages....., désirant que ma mémoire soit transmise à ceux qui viendront après* (*nous*), *en sorte qu'on se dise de bouche en bouche : il a fait* (*ce qu'il devait faire?*). *Quant à moi, j'ai aimé l'union; le trouble s'est dissipé à mon désir..... Ce soulèvement a pris fin...., car ce dieu aime la concorde et déteste le trouble. Dites donc de moi* (*en me regardant?*) *: Tu as fait le bien à Abydos, que ton nom persiste dans Nifuer, scribe royal Petiharpekhruti, le véridique, fils de la dame Kharatankh !*

Dites : C'est pourquoi il ne sortira pas.... il ne sera pas emporté, la bouche privée des souffles qui donnent la vie à ceux qui font partie des mânes; car le dieu Ra...... et observe très-attentivement l'accomplissement (*de la vérité*), *et c'est lui qui la met dans vos cœurs, le grand dieu, chef des dieux que j'ai servi sur la terre.*

Il est regrettable qu'aucune date précise ne puisse nous renseigner sur l'époque de l'administration de ce personnage ni sur les troubles d'Abydos qu'il se vante d'avoir apaisés. Le style annonce que ce monument n'appartient pas à l'époque pharaonique.

233. — Dalle en pierre calcaire.

Haut. 0,46. — Larg. 0,36.

L'inscription copte de seize lignes qui couvre cette dalle contient une prière adressée à la Sainte-Trinité et à tous les saints en faveur du père *Pschoï*. Elle est curieuse par l'énumération d'une quantité de saints égyptiens des premiers temps du christianisme. On peut y relever aussi des particularités grammaticales, telles qu'une forme singulière de l'article possessif (*ef* pour *pef* et *tef*, au féminin).

La date paraît être le 5 de Toby de l'an 155 (de l'ère des martyrs).

D.

MONUMENTS DIVERS.

§ 1er. — SARCOPHAGES.

Les cuves en pierre, destinées à contenir une momie, portent assez improprement le nom de sarcophages.

Les Égyptiens, si magnifiques dans tout ce qui regardait les sépultures, ont décoré ces monuments avec un soin tout spécial. Les sarcophages d'une très-ancienne époque sont fort simples, et néanmoins d'un beau travail. Le sarcophage de la grande pyramide n'a aucun ornement. Celui du roi Menkérès (ɪvᵉ dynastie) présentait l'aspect d'un petit édifice. Il n'était décoré d'aucune figure ; de simples lignes architecturales, disposées avec un goût infini, composaient seules son ornementation. Le Musée de Leyde possède une cuve de granit du même style (1). Le sarcophage de Florence, qui appartient à la XIIe dynastie, est en granit rose, comme ce dernier ; la pierre est taillée avec une grande précision mais il n'est encore orné que d'une légende hiéroglyphique assez simple. Il est vrai qu'on ne connaît pas de sarcophage royal de cette époque (2).

Dans le second empire, les sarcophages sont décorés avec une grande richesse. Ceux du roi *Aï* (XVIIIe dynastie) et de *Séti Ier* présentent un résumé de toutes les scènes funéraires des tombeaux. La sculpture couvre toutes leurs faces ; il en est ainsi du sarcophage de *Ramsès III* (n° 1). On commence aussi à rencontrer des sarcophages taillés de manière à imiter la forme générale d'une momie. Cette richesse de détails augmenta encore sous les Saïtes. Le sarcophage de *Taho* (n° 9) est un chef-d'œuvre que les graveurs ne se lassent pas d'admirer. Les grandes scènes qui composent l'ornementation des sarcophages ne pourront être comprises dans leurs détails que lorsque l'on aura repris et complété l'étude des tombeaux des rois que Champollion avait commencée dans son voyage d'Égypte. L'idée principale avait été bien saisie par ce savant. De même que la vie terrestre était assimilée à la course diurne du soleil, la vie de l'âme, après la mort, était assimilée à la course du dieu dans l'hémisphère inférieur qu'il était censé parcourir pendant la nuit. De là vient qu'une

---

(1) Les fouilles de Gizeh ont donné au Musée de Boulaq un beau sarcophage de la IVe dynastie, qui est du même caractère que ceux que nous citons ici.

(2) La science possède aussi plusieurs sarcophages en pierre calcaire et en bois peint qui remontent à la XIIe ou à la XIIIe dynastie. Des textes funéraires peints composent la plus grande partie de leur décoration.

grande partie des tableaux funéraires se rapportent aux diverses zones ou demeures de l'hémisphère nocturne et aux génies dont on les peuplait. Osiris, juge suprême des enfers, et ses quarante-deux assesseurs, jouent aussi un grand rôle dans ces représentations. Les déesses Nephthys et Isis étaient censés veiller à la tête et aux pieds de la momie, et *Nut, la déesse du ciel,* s'étendant sur elle, la couvrait de sa protection. Le mort, s'identifiant à Osiris, devenait fils de cette déesse et du dieu *Seb*; *Nephthys* et *Isis* étaient ses sœurs; *Horus,* son frère; les quatre génies fils d'Osiris appelaient le défunt, leur père, et toute cette famille céleste veillait à la conservation de ses membres et à la réunion du corps avec son âme lorsqu'elle avait accompli ses pérégrinations.

1. — Sarcophage en granit rose.

Haut. de la cuve, 1m,70. — Long. 3m,05. — Larg. 1m,60.

Cette cuve, taillée en forme de cartouche royal ⊂⊃, a été trouvée en place dans la syringe du roi Ramsès III (*Hik anu*). L'opinion la plus suivie place ce roi en tête de la xxe dynastie. Ce monument porte partout les légendes du roi, et, par conséquent, il a été sans aucun doute destiné à sa sépulture. Il n'est malheureusement pas arrivé tout entier au Musée du Louvre : l'université de Cambridge en possède le couvercle.

Le chevet du sarcophage est occupé, au centre, par la figure de la déesse Nephthys étendant les ailes en signe de protection. Les légendes du roi sont sculptées à droite et à gauche de la tête de cette déesse. La décoration est complétée par une inscription de six lignes, d'ordre rétrograde ; elle est relative à la course du soleil dans le domaine d'Osiris, c'est-à-dire dans l'hémisphère inférieur.

Sur la face opposée, vers les pieds, est la déesse Isis étendant également ses ailes. Auprès de sa tête, les cartouches du roi. A droite et à gauche de la déesse, les deux chacals guides des chemins célestes du nord et du midi. L'inscription de huit lignes, rangées dans l'ordre rétrograde, se rapporte à l'arrivée du soleil dans certaines parties des contrées de l'hémisphère inférieur du ciel.

Les deux côtés sont décorés de scènes relatives aux régions infernales que le soleil était censé parcourir dans l'hémisphère nocturne. C'est ce qu'explique une grande légende qui court sur la partie supérieure des deux côtés et qui sert de titre aux tableaux.

Cette légende, qui commence aux cartouches du roi, est aussi gravée dans la méthode rétrograde, groupe par groupe. Le sujet général est le passage du grand dieu (le Soleil), conduit dans sa barque par les dieux des sphères célestes à travers les régions de l'hémisphère inférieur où il doit détruire le serpent Apophis, symbole du mal et des ténèbres. On aperçoit en effet, sur le côté gauche, dans le tableau du milieu, le soleil représenté par un personnage à tête de bélier, debout dans un naos, au milieu d'une barque remorquée par huit personnages. Une légende à colonnes rétrogrades, sculptée au-dessus de cette scène, explique la navigation du soleil. Cette scène est précédée de huit emblèmes du service ou culte religieux.

Le tableau se termine par quatre béliers coiffés du disque solaire ou de divers diadèmes. Cette scène est au milieu de deux registres divisés chacun en cinq tableaux. Tous les personnages qui remplissent ces tableaux sont des génies attribués aux diverses demeures célestes des sphères inférieures.

Le côté droit est orné de trois tableaux. La rangée supérieure présente trois scènes principales. Dans la première, trois hommes sans têtes, frappés par un dieu à la tête de chat ; ce sont, dit la légende, les ennemis d'Osiris : Osiris, sur son trône, tient en main un grand serpent qui dirige un jet de flamme sur le premier coupable. Dans la scène suivante, trois autres figures d'hommes renversées sont liées par le cou et tenues par un dieu. On voit ensuite trois âmes royales représentées par des éperviers à têtes humaines, coiffés du pschent.

La deuxième rangée présente d'abord la barque solaire. Le dieu y est accompagné de ses suivants ordinaires. Son naos est formé par un long serpent, symbole de sa course céleste. Une série de femmes, tenant des glaives, se dirige vers lui ; une femme et un homme ouvrent la marche en conduisant un grand serpent hérissé de glaives. Ce reptile caractérise les parties du ciel où le dieu va entrer.

La rangée inférieure est occupée par les douze heures du jour marchant vers le dieu Ra sur son trône, et par la série des heures de la nuit qui se dirigent vers le crocodile, emblème des ténèbres.

La décoration extérieure est complétée par deux inscriptions verticales, sculptées sur les tranches à droite et à gauche de la surface plane ; dans celle de gauche, Neith, la grande mère divine, promet de réunir les membres du roi, de les conserver à toujours; dans l'inscription de droite, Isis fait une promesse semblable à *son frère l'Osiris, le roi Ramsès.*

Intérieur.

Le chevet est occupé par un tableau qui se compose d'un disque solaire ; sous ce disque est un personnage en forme de momie, ayant en tête le disque et l'étoile. A droite et à gauche sortent du sol une tête de déesse et un bras allongé qui porte un petit personnage versant l'eau céleste sur un individu debout et en forme de momie, qui représente le défunt.

En face, aux pieds, on retrouve le disque solaire où le dieu est figuré par le scarabée au milieu du disque; ce disque est entouré par les replis du serpent, symbole de la course de l'astre. Au-dessous, la tête du bélier, symbole du même dieu, est adorée par deux figures du roi accompagnées de ses deux cartouches.

Les côtés sont couronnés par une frise composée alternativement du chacal d'Anubis et des trois fers de lance, qui décorent ordinairement les sommets des édifices.

Le côté droit présente six personnages dans l'attitude de la prière devant un corps sans tête enfermé dans un ovale. Ce corps ithyphallique lance un jet de semence recueilli par les deux premiers personnages. Cette scène symbolise le cycle perpétuel de la vie qui renait de la mort. Plus loin quatre éperviers à tête humaine, symboles de l'âme, reposant sur des ovales où gisent leurs momies, sont en adoration.

Le côté gauche est occupé par diverses scènes dont le sens n'a pas été pénétré.

L'ensemble de cette décoration intérieure se retrouve à l'extérieur d'autres sarcophages.

Le fond de la cuve est occupé par la déesse de l'Amenti, ou occident, étendant ses ailes pour recevoir le défunt. Ce monument colossal appartient au XIIIe siècle av. J.-C.

2. — Sarcophage en granit noir veiné de rose.

Longueur, 2 mètres.

Il a été sculpté pour le basilicogrammate *Anaua* de Memphis. Son style rude doit le placer vers la XIXe dynastie. Sur le devant de sa robe, on lit l'invocation à la déesse *Nut*, mère d'*Osiris*, et qui, par conséquent, reçoit comme son fils le défunt, identifié à Osiris. Le dieu *Seb*, époux de *Nut*, intervient de même dans les légendes latérales en sa qualité de père de l'osirien défunt. Sur le côté droit, les six compartiments sont occupés par deux images du dieu *Tahut* celles du génie *Taumautf*, d'*Anubis* en chacal et d'*Amset*. Sur la face gauche, entre les deux *Tahut*, les deux autres génies funéraires *Hapi* et *Kebasennuf*, *Anubis* en chacal et les deux yeux symboliques sur un autel. La plante des pieds est occupée par Isis, les bras levés et accroupie sur le signe de l'or; elle veille sur *son frère*, le défunt *Anaua*.

Le défunt est représenté couché sur son cercueil; il est vêtu de la longue robe transparente, une espèce de ceinture traverse sa poitrine.

Ce sarcophage a été sculpté vers le XVe siècle avant notre ère.

3. — Sarcophage en granit gris.

Long. 1m,92.

Le basilicogrammate *Tahuthotep* est représenté couché sur son cercueil; il est vêtu de la longue robe transparente; le ventre est nu; les bras, croisés sur la poitrine, sont ornés de bracelets; le cou porte un large collier. La coiffure, à tuyaux droits, laisse apercevoir le lobe inférieur de l'oreille. L'invocation à la déesse *Nut* est gravée sur le milieu de la robe.

Les côtés de la cuve sont ornés des figures des génies funéraires; à droite, entre deux figures de *Tahut*, *Amset*, *Anubis*, *Taumautf*; à gauche, le même dieu *Tahut*, *Hapi*, *Anubis*, *Kebasennuf*.

Ce sarcophage a été sculpté vers la XIXe dynastie.

4. — Fragment de sarcophage en granit.

Haut. 2^m,06.

La déesse *Nut*, étendant les ailes pour protéger le défunt, occupe le sommet : c'est le sujet de l'invocation que lui adresse le défunt, l'hiérogrammate *Amenhotep*. Ce morceau n'a pas été achevé. Les légendes transversales se rapportent aux génies funéraires qui devaient décorer chacun des compartiments à droite et à gauche; elles s'adressent aux quatre génies, aux dieux *Seb*, *Anubis* et *Horus*.

5. — Sarcophage en pierre calcaire, taillé en forme de boite de momie. Donné par M. de Chalabre, en 1845

Long. 1^m,95.

Il est décoré de trois lignes d'hiéroglyphes qui contiennent la prière funèbre d'un nommé *Horus*. Époque saïte.

6. — Sarcophage en pierre calcaire, taillé en forme de boîte de momie.

Long. 1^m,92.

Il n'a pour tout ornement qu'une allocution au défunt, gravée sur la poitrine, et qui commence par ces mots : *Ton âme est vivante....* C'était un hiérogrammate, prêtre de *Neit* et d'*Osiris*, nommé *Keri*. Époque saïte.

7. — Sarcophage en basalte, taillé en forme de boîte de momie.

Long. 1^m,91.

La décoration de ce sarcophage est toute particulière; elle se compose de huit éperviers à tête humaine, les ailes déployées.

Ils portent en tête le disque, et dans leurs pattes ils tiennent les anneaux et le sceptre à plume d'autruche. Ces huit éperviers sont, suivant les légendes, des dieux de la demeure des âmes. Le défunt, nommé *Ankhmeri*, fils de *Tarot*, les invoque *pour que son âme vole vers la demeure où il doit aborder et qu'elle puisse rejoindre son corps*. Époque saïte.

Donné par M. de Chalabre, en 1845.

8. — Sarcophage en granit gris.

Haut. totale, 1m,67. — Long. 2m,82. — Larg. 1m,38.

Ce monument a été sculpté pour *T'aho*, prêtre des dieux vénérés dans les temples de la partie de Memphis, nommée *le mur blanc*, prophète de Ptah et d'Ammon-ra, etc.

T'aho était fils du prêtre *Petehake* et de la dame *Tascherahe*. Le cartouche du roi Psammétik montre que ce monument appartient à la XXVIe dynastie. La décoration de l'extérieur du sarcophage reproduit, avec quelques légères différences, les scènes qui couvrent l'intérieur du sarcophage de Ramsès III. (Voir la notice de ce sarcophage, n° 1.)

Il est à remarquer qu'ici les légendes ne sont point rétrogrades et que leurs colonnes se suivent dans l'ordre naturel.

A l'intérieur, on aperçoit d'abord Nephthys à la tête et Isis aux pieds du défunt, étendant leurs ailes en signe de protection.

Le côté gauche est occupé par une bande sculptée, où l'on voit d'abord la déesse du Nord sous la forme d'une vipère ailée; puis l'un des yeux d'Horus. Entre Isis et Nephthys aux ailes déployées sont agenouillées quatre autres figures : ce sont les quatre génies funèbres présidant aux entrailles du défunt. *Amset*, *Hapi*, *Taumautef* et *Kebasenuf*, avec les têtes symboliques que chacun d'eux porte sur les vases funéraires.

Côté droit, décoration analogue : *Nekheb*, déesse du Midi, en uræus ailé; 2° le chacal d'Anubis; 3° les quatre génies entre les déesses *Neit* et *Selk*, aux ailes déployées.

Les deux vipères ailées, symboles du nord et du midi, orientent le monument, les pieds dirigés vers le levant, comme à l'ordinaire.

Couvercle, chevet : en haut, le soleil représenté par un

épervier à tête de bélier dans un disque; à droite et à gauche, deux éperviers avec les emblèmesd'*Isis* et de *Nephthys* ; en bas, la barque solaire. Le dieu est debout au milieu de la barque, avec un corps d'homme et une tête d'épervier coiffée d'un disque; il tient le signe de la vie et le sceptre divin. Il est adoré par divers personnages.

La face du côté des pieds est occupée par deux barques solaires ; sur la proue de chacune d'elles, une déesse, les bras étendus, soutient le disque solaire. A la proue de ces barques, on remarque, à droite, l'enfant, symbole du soleil levant, et à gauche, le chacal, emblème de la montagne d'Occident. Au-dessus de ces barques, le défunt *T'aho* est en adoration.

Les deux côtés du couvercle sont décorés par la série des génies gardiens des quatorze demeures infernales détaillées dans les Rituels funéraires.

Sur le dessus du couvercle, un épervier, les ailes déployées, tient les anneaux, symboles d'éternelle durée. Auprès de cet emblème, la légende du défunt *T'aho*.

9. — Sarcophage en basalte (1).

Haut. totale, 1m,20. — Long. 2m,85. — Larg. 1m,24.

Ce monument, apporté en France par Champollion, est le chef-d'œuvre de la gravure égyptienne de l'époque saïte. La description de toutes les scènes qui le composent remplirait un volume. Il a été destiné à un *basilicogrammate* nommé *T'aho* (2), *prêtre d'Imhotep, fils de Ptah*, dieu assimilé à Esculape.

La plupart des légendes sont gravées dans le système rétrograde, groupe par groupe. L'ordre des scènes commence au chevet où des portes indiquent le point de départ des diverses

(1) Publié par Samuel Sharpe. — *Egyptian inscriptions* (second series) no 10, pl. I à XXI.

(2) Ce nom est le même que celui du roi nommé *Téos* et *Tachos* par les historiens; il est très-commun sous les dynasties saïtes.

zones de l'hémisphère nocturne que l'âme de *T'aho* doit parcourir, avec les dieux qui les peuplent.

Le premier registre, à gauche du chevet, est indiqué dans la légende comme la première heure de nuit. Un grand serpent occupe la porte. Le soleil, sous la forme d'un personnage à tête de bélier, paraît dans sa barque; il est reçu par diverses séries de personnages qui l'adorent. Au-dessus, une scène analogue se passe dans une seconde heure de la nuit.

Sur le flanc gauche, la bande supérieure contient la scène de la punition des ennemis d'Osiris, qui sont décapités devant lui; d'autres coupables liés et renversés sont tenus par Horus. Au-dessous, la barque solaire, à laquelle le serpent *Apophis*, symbole du mal, hérissé de glaives, est amené par la déesse *Selk*. Le sens général des représentations de cette heure (la troisième (?) est donc le triomphe d'Osiris sur le mal et le châtiment des coupables. On voit sous cette scène la série des heures mâles et femelles qui marchent en sens inverse; les registres inférieurs sont remplis par des scènes semblables à celles qui ont été décrites au sarcophage de Ramsès III (nº 1).

Au chevet, du côté droit, la barque du soleil parcourt deux autres zones; la légende explique que le défunt *T'aho* est avec les dieux qui peuplent ces zones.

Sur le retour, la première scène fait voir Osiris siégeant, comme juge, au sommet de l'escalier à huit degrés; devant lui, le gardien de la balance porte le fléau et les plateaux sur ses épaules. Une truie, conduite par deux singes, s'éloigne dans une barque; elle désignerait, suivant l'explication de Champollion, le châtiment d'un gourmand dont l'âme est renfermée dans le corps de cet animal.

La bande du milieu est décorée d'une des principales scènes peintes dans les syringes royales, à Bab el Molouk. La barque du soleil est remorquée par six dieux et six déesses. Le dieu, représenté par un homme à tête de bélier, est debout dans un naos formé par un long serpent, symbole de sa course céleste; le défunt *T'aho* est en adoration devant lui; la légende explique que ces douze personnages remorquent la barque solaire sur les eaux célestes. Cette barque s'achemine vers le point culminant de la zone, qui est représenté par une tête de femme au-dessus de laquelle se tient un scarabée vu de face. Dans la bande inférieure, une autre barque du soleil est précédée par de grandes séries de rois et de personnages célestes que l'on retrouve également dans les syringes royales.

Les grandes légendes qui entourent ces scènes continuent à donner les noms mystiques des parties du ciel et des heures de la nuit auxquelles se rapportent ces figures.

Les pieds sont décorés de quelques scènes analogues ; l'une d'elles se rapporte à la naissance mystique du scarabée, qui représente le soleil, et par l'identification du défunt avec les dieux nocturnes, la fin des pérégrinations de l'âme et le commencement de sa vie éternelle.

Intérieur.

Nephthys au chevet et Isis au pied du sarcophage étendent leurs ailes, en signe de protection. Sur chaque côté, dix génies célestes adressent chacun au défunt *T'aho* une promesse de protection en lui donnant le signe de la vie. Le fond de la cuve est occupé par la déesse de l'Amenti recevant le défunt ; au-dessus, sous le couvercle, la déesse du ciel s'étendait sur lui, comme le lui demandait l'invocation gravée à côté de cette déesse.

Le couvercle est orné dans son pourtour d'une bande composée alternativement du chacal d'*Anubis* et des trois fers de lance, symbole d'ornement.

Sur le dessus, un disque solaire déverse ses rayons ; un épervier à tête humaine, représentant l'âme, tient dans ses pattes les anneaux, symboles de longues périodes d'années. Le reste du couvercle est rempli des prières que prononçait le défunt *T'aho*, fils de *Petepmunkh* et de la dame *Renpenofre*. Ce monument peut appartenir à la XXVIe dynastie ou à l'époque de Nectanébo.

10. — Sarcophage en granit gris veiné de blanc.

Long. 2^{m},85. — Haut. totale, 1^{m},20. — Larg. 1^{m}24.

Cette cuve a été sculptée pour un prêtre nommé *Horus*, fils de la dame *Tarotensekhet*. L'extérieur est orné des scènes relatives à la course nocturne du soleil, qu'on trouvera indiquées dans le sarcophage de *T'aho* (n° 9) et de Ramsès III (n° 1). La décoration intérieure est différente, les deux côtés sont ornés de la série des quarante-deux juges assesseurs d'Osiris, debout, la plume de justice sur la tête et le glaive à la main. Devant chaque série, le défunt Horus adresse sa prière à ses juges ; le chevet est occupé par le disque rayonnant, dans lequel est le scarabée ; les déesses Nephthys et Isis sont toutes les deux au pied du sarcophage.

11. — Sarcophage en pierre calcaire en forme de boîte de momie.

Long. 1^{m},92.

Il a été sculpté pour un hiérogrammate, nommé *Out'ahor*. Les deux pendants de la coiffure sont ornés de la figure d'Osiris infernal ; sur la poitrine est l'épervier à la tête humaine tenant les anneaux, symboles d'éternité ; le reste de la surface supérieure est occupé par l'invocation funéraire du défunt. Les côtés sont remplis par divers tableaux : en commençant à l'épaule droite, on voit d'abord Horus, sous la forme de l'épervier aux ailes déployées ; puis la déesse du Midi, sous la forme d'un grand serpent ayant une tête de quadrupède ; et au-dessous le dieu *Schu*, tenant une voile enflée, symbole des souffles de la vie ; puis les génies funèbres *Amset* et *Taumautf*. Dans les compartiments suivants, *Horus*, *Hathor* et *Anubis* expriment chacun un vœu pour le défunt *Out'ahor*. Ces dieux sont suivis de divers génies funéraires. Après ces tableaux, viennent deux dieux portant le nom de *Sebek* ; sur les pieds on remarque le chacal gardien des chemins célestes du Midi, avec la vipère couronnée qui représente *Nekheb*, la déesse du Midi, sur son bouquet symbolique ; *Isis* agenouillée complète la décoration. Le côté gauche est décoré d'une manière analogue, avec quelques différences ; le grand serpent représente de ce côté la déesse du Nord ; la voile déployée est tenue par la déesse *Tefnu*, suivie des génies funéraires *Hapi* et *Kebasenuf* ; les quatre génies sont conduits par *Tahut*, le *dieu terre* et *Astes*. Le dernier tableau est occupé par deux dieux *Tmu*. Aux pieds, le chacal du Nord et la déesse du Nord sur son papyrus ; vers l'extrémité, *Nephthys* agenouillée. On voit que son cercueil était censé orienté les pieds dirigés vers l'Orient; sa gravure assez fine indique une époque récente, vers les dernières dynasties nationales.

12. — Sarcophage en pierre calcaire, taillé en forme de boîte de momie.

Longueur, 1^{m},90.

Il a été gravé pour un prêtre nommé *Imhotep*, fils d'*Isueri*. Sur la poitrine, l'épervier à tête humaine tenant les anneaux; plus bas, le scarabée, symbole de la génération. Tout autour, prières funéraires pour *Imhotep;* sur le côté droit, vers l'épaule, *Nephthys*, tendant les signes de la vie stable et sereine, dit au défunt : *moi, Nephthys, ta sœur, je suis auprès de toi, je lève les bras vers toi pour te donner la vie stable et sereine*, etc. Dans le second compartiment, *Amset* porte le signe de l'offrande; dans le troisième, *Taumautf* tient dans sa main l'oiseau, symbole de l'âme; il le donne au défunt pour *qu'il puisse aller voir les demeures qui lui plairont*. Sur l'épaule gauche, *Isis* tend au défunt la voile enflée: *Isis, sa sœur, elle apporte les souffles du bonheur à ses narines*. Dans le second compartiment, le génie funéraire *Hapi* apporte au défunt son cœur, sous la forme ordinaire d'un vase à anses; dans le troisième, *Kebasenuf*, le quatrième génie à tête d'épervier, apporte l'image funéraire du défunt. Enfin, ce sarcophage est également sculpté sur la face postérieure; cette face est décorée d'un *tat*, emblème de la stabilité, et des légendes du défunt *Imhotep*, contenant ses titres sacerdotaux et une invocation funéraire. Style saïte des derniers temps.

13. — Sarcophage en basalte vert, taillé en forme de boîte de momie.

Longueur, 1^{m},80.

Il n'est décoré que d'inscriptions qui, par leur gravure élégante, annoncent le beau style saïte; il appartenait à un prêtre des dieux vénérés dans le quartier du Mur-Blanc, à Memphis, nommé *Ankhhapi*, fils de *Horimhotep* et de la dame *Satbon*. Les différentes fonctions sacerdotales d'*Ankhhapi* sont longuement détaillées, on y trouve un renseignement très-curieux. On lit à la première ligne le cartouche du roi *Snefru*, d'une des plus anciennes dynasties égyptiennes ; ce roi recevait donc encore un culte public à Memphis vers la fin de la monarchie. La grande inscription qui couvre le monument est l'invocation à Osiris, début ordinaire des rituels funéraires ; elle se termine sur les pieds par la formule : *Ah ! toi qui fais entrer les âmes créées dans la demeure d'Osiris, fais entrer l'âme du prêtre de Ptah, du prêtre du mainteneur de justice, du prêtre Ankhhapi, fils de Horimhotep et de la dame Satbon !* Le personnage indiqué par ces mots, le mainteneur de justice, est peut-être le même roi *Snefru*, car son enseigne royale portait spécialement cette devise.

13 *bis*. — Fragment d'un sarcophage en basalte (1).

Longueur, 0,90.

Le monument avait été sculpté pour un capitaine nommé *Horimhotep*, fils de *Herisekhet*.

La portion conservée contient le commencement de l'allocution adressée par les quatre génies fils d'Osiris et le commencement de la prière du défunt. Le milieu était orné de divers dieux siégeant sous un ciel étoilé.

(Voir le Supplément, page 198.)

---

§ II. — PYRAMIDES.

La destination funéraire des grandes pyramides n'est plus mise en doute depuis les recherches immenses que le colonel Wyse a

---

(1) Publié par Sharpe, *Egypt. inscript.*, 2e série, n° 1, pl. XXIII.

fait exécuter dans ces monuments. On a trouvé dans les chambres sépulcrales, des sarcophages et des débris de cercueils royaux, et les noms que l'on y a recueillis sont précisément ceux des rois dont les historiens indiquaient la sépulture dans les grandes pyramides. Leur orientation parfaite avait néanmoins fait soupçonner que leur forme n'était pas sans connexion avec le culte du soleil. Ces deux caractères sont pleinement confirmés par les scènes qui décorent les petites pyramides votives; car elles offrent un mélange d'invocations funéraires et d'hommages au soleil (1). Souvent les figures sont sculptées de face, contre les habitudes de l'art égyptien; ce qui marque encore mieux l'orientation qu'on a voulu préciser. Le personnage principal est ordinairement en adoration, la face tournée vers le midi. A sa gauche, sont les formules d'invocation au soleil levant, et à sa droite, des formules analogues adressées au soleil couchant, désigné quelquefois par le nom d'*Atmu*. Ces dispositions générales présentent quelques variantes.

14.— Pyramide en granit rose, sculptée sur deux faces seulement.

Haut. 0,72. — Larg. des faces, 0,66.

1re face. Deux personnages dans un naos sont représentés de face dans l'attitude de l'adoration. L'un est le basilicogrammate *Anua*; l'autre est sa sœur *Aui*, attachée au culte d'Ammon. Cette face regardait le midi, car à gauche du dédicateur, on lit l'invocation au soleil levant, et à droite, la prière au dieu *Atmu*, le soleil couchant.

---

(1) Il faut ajouter à ces indications que les inscriptions de l'ancien empire parlent souvent de monuments sacrés dont la figure montre clairement que la pyramide et l'obélisque avaient primitivement des rapports avec le culte du soleil.

2e face. Scène toute semblable; mais ici l'orientation est inverse. L'ouest est à gauche et l'orient à droite. Cette face se rapportait donc à la course nocturne du soleil, et avait, par conséquent, un sens funéraire. (V. Sarcophages, D. § 1.)

Anua était de Memphis; peut-être est-ce le même basilicogrammate pour qui fut sculpté le sarcophage D (no 2). Le style est celui de la XVIIIe ou de la XIXe dynastie.

15. — Pyramide en pierre calcaire, sculptée sur deux faces seulement.

Haut. 0,56. — Larg. 0,20.

1re face. Deux figures vues de face et en adoration occupent le centre : ce sont celles du grammate du trésor *Nebseni*, et de sa sœur *Bati* (?). La prière qui occupe le sommet s'adresse au soleil levant; celles qui encadrent le naos sont, au contraire, des invocations funéraires à Osiris.

2e face. Les mêmes personnages y sont répétés. Sur le naos, prière au soleil couchant; autour, invocations au dieu funéraire Anubis.

16. — Pyramide en grès statuaire, sculptée sur deux faces seulement.

Haut. 0,45. — Larg. 0,35.

1re face. *Le favorisé de la demeure de justice, Hora*, vêtu d'une longue robe transparente, fait une adoration au soleil levant.

2e face. Adoration semblable au soleil couchant. La barque solaire occupe le sommet.

17. — Pyramide en pierre calcaire, sculptée sur les quatre faces.

Haut. 0,38. — Larg. 0,35.

1re face. Un des yeux d'Horus occupe le sommet; au-dessous, le soleil apparaissant à l'horizon. Le bas de la scène est occupé par deux cynocéphales en adoration; entre eux est un dieu solaire dont la tête est altérée (Orient).

2e face. *Ra*, à tête d'épervier, accroupi et tenant le sceptre, est adoré par un individu dont le nom n'a pu être déchiffré (Midi).

3e face. Deux cynocéphales adorant un dieu solaire qui paraît être *Sebek* (Couchant).

4e face. Le dédicateur est à genoux devant Osiris et un autre dieu coiffé du *Skhent* (Nord).

18. — Pyramide en pierre calcaire, sculptée sur quatre faces.

Haut. 0,39. — Larg. 0,38.

1re face. La barque du soleil. Ce dieu y est représenté sous trois formes différentes : 1o forme humaine à tête d'épervier ; 2o forme humaine coiffée de la double couronne ; 3o forme humaine portant sur la tête le scarabée, symbole de création.

2e face. Le disque du soleil déverse sa lumière sur quatre cynocéphales. Ces animaux représentent les esprits de l'Orient en adoration devant le soleil levant.

3e face. Prière adressée au soleil au nom du prêtre *Ahra son fils fait revivre son nom pendant qu'il repose dans sa pyramide*, c'est-à-dire son tombeau.

4e face. Deux personnages en adoration devant la montagne solaire (du couchant).

19. — Pyramide en pierre calcaire, sculptée sur quatre faces.

Haut. 0,41. — Larg. 0,35.

1re face. La barque du soleil. Le dieu y est représenté par le scarabée aux ailes déployées ; il est qualifié l'*Horus des deux régions*. La proue de la barque est décorée de l'enfant sur un pylone, symbole du soleil levant ; derrière lui, le griffon à tête d'épervier ; c'est le soleil dans les premières heures du jour, d'après le tableau des heures sculpté sur le temple d'Edfou (Orient).

Sur les faces 2 et 4, *le porteur du livre* (?) *du roi dans le siége de justice, Piaï*, adresse ses adorations au soleil.

Sur la 3e face, le même personnage debout est suivi de son fils *Apui*, dit *Amenemap*. Style de la XVIIIe dynastie.

20. — Pyramide en pierre calcaire, sculptée sur les quatre faces.

Haut. 0,40. — Larg. 0,40.

1re face. *Ptahmes*, prêtre du dieu Ptah, et sa sœur *Nofreit* sont en adoration, la face tournée vers le midi. A leur gauche, sur la 2e face, un autre personnage nommé *Toia, aimé d'Osiris-unnofre, chef de la grande écurie du roi*, adore le soleil qui illumine l'Orient.

3e face. Deux individus en adoration.

4e face. *Ptahmes*, revêtu de la longue robe transparente' adore le soleil lorsqu'il arrive au pays de la vie, dans la montagne céleste d'Occident. Les Égyptiens se plaisaient à donner au côté funéraire le nom de *Pays de la Vie*.

21. — Pyramide en pierre calcaire, sculptée sur quatre faces.

Haut. 0,44. — Larg. 0,45.

Sur la face principale, le dieu soleil *Ra*, à tête d'épervier, est assis sur un trône. Sa main droite tient le signe de la vie ; dans sa main gauche est le signe de la puissance. Devant le dieu, un autel avec un vase et une fleur de lotus. Au-dessus de ce tableau, la légende donne les titres du dieu : *L'Horus des deux horizons, seigneur du ciel, dieu grand.*

La seconde face devait regarder l'Orient. Un hiérogrammate nommé *Piaï*, vêtu de la longue robe transparente, est en adoration. Il adresse *son hommage au soleil lorsqu'il illumine l'horizon*, c'est-à-dire au soleil levant.

Le caractère funéraire se retrouve dans la légende de *Piaï*, qui se qualifie : *Le justifié par-devant le seigneur du bon Amenti*, c'est-à-dire Osiris, le juge infernal.

Sur la troisième face est un petit naos dans lequel le défunt *Piaï* est représenté de face et en adoration. Son image est répétée à gauche dans la même attitude, et à droite sous la forme d'un oiseau à tête humaine, les bras élevés en signe d'adoration, représentant l'âme pure arrivée à la contemplation du soleil.

La quatrième face est occupée par le dieu infernal Anubis sous forme de chacal; au-dessus, l'anneau, les vagues et le vase, symboles de l'étendue. La réunion de ces symboles indique les zones immenses de l'éther céleste ; auprès, un des yeux d'Horus. Cette face était celle de l'ouest.

(Voir le Supplément, page 203.)

---

§ 3. — TABLES A LIBATIONS.

Ces petits monuments sont ordinairement décorés de divers objets d'offrandes sculptés ; sur le pourtour sont des prières au nom des dédicateurs.

22. — Table à libations en pierre calcaire.

Long. 0,45. — Larg. 0,44.

Elle est dédiée pour un prêtre nommé *Ptahemhebi*, défunt. Sa fille se nommait *Bekptah*.

Sur la tranche droite, un personnage de la famille, nommé *Nofrehor*, adresse une prière au soleil, et, sur la tranche gauche le même individu et sa sœur *Pipui*, attachée au culte d'Hathor, invoquent Osiris.

23. — Table à libations en pierre calcaire.

Long. 0,36. — Larg. 0,27.

Cette table est dédiée à Anubis et Osiris. Ses légendes semblent exclusivement funéraires. A droite, prière à *Anubis* pour le *grammate d'Ammon*, *Maia* le véridique. A gauche, prière à Osiris pour la dame *Takha* la véridique.

24. — Table à libations en pierre calcaire.

Long. 0,68. — Larg. 0,55.

Elle est dédiée par le chef du palais, *Khuoër*. Il adresse une prière, à droite, au dieu *Atmu* (le soleil couchant) ; à gauche, à Osiris. Le style est celui de la XVIIIe dynastie.

25. — Table à libations en pierre calcaire.

Long. 0,35. — Larg. 0,29.

Elle est décorée de divers objets d'offrandes et ne porte aucune légende.

26. — Table à libations en pierre calcaire.

Long. 0,45. — Larg. 0,44.

Sur le milieu de cette table, des pains d'offrandes qui portent l'empreinte des doigts, marque de la consécration. Sur le pourtour, hommages adressés, à droite, à Osiris dans toutes ses demeures; à gauche, à *Anubis* par *Usurtesen-senb*. Ce nom indique l'ancien empire.

27. — Table à libations en pierre calcaire.

Long. 0,40. — Larg. 0,40.

Le fond est couvert d'objets d'offrandes, comme pains, viandes, vases à liqueurs. Quatre petits bassins sont destinés à recevoir les liqueurs. Les tranches sont couvertes par les noms d'une nombreuse famille. Les noms propres *Usurtesen* et *Antef* indiquent la XIIe dynastie.

28. — Table à libations, sans légende ni sculpture.

Long. 0,53. — Larg. 0,39.

(Voir le Supplément, page 206.)

---

§ 4. — MONUMENTS DIVERS.

29. — Naos monolithe en granit rose.

Haut. $2^m,36$. — Larg. 0,96. — Profond. $1^m,15$.

Ces sortes de chapelles, sculptées dans un bloc de pierre dure, étaient fermées par des portes; elles contenaient ou des statues précieuses ou des animaux sacrés. On sait, par l'exemple du monolithe d'Edfou trouvé en place qu'elles étaient déposées au fond du sanctuaire. Le naos que nous décrivons a été donné par M. Drovetti, en 1825; il avait été retiré de la mer près d'Alexandrie, sur les indications de M. Jomard.

Il avait été dédié par le roi Amasis (vers l'an 580 av. J.-C.), mais les cartouches de ce roi ont été martelés avec soin; on sait qu'Amasis était un usurpateur. La réaction s'est même exercée jusque sur son étendard dont la devise : le *mainteneur de justice*, est devenue presque illisible.

Sur le fronton, les légendes du roi accompagnent les déesses Isis et Nephthys.

A droite de la porte : 1° Horus vengeur et Anubis; 2° les génies *Tiumautef* et *Amset;* 3° *Hapi* (Nil) et la déesse *Nekheb* (1).

A gauche : 1° le dieu *Tahut*, seigneur de *Sesun* et *Horkhentikha;* 2° les génies *Hapi* et *Kebsenuf;* 3° le Nil du Nord et l'eau personnifiée.

Flanc droit du monument : sur la frise, la légende d'Amasis martelée; le discours se suit dans l'inscription verticale qui contient la dédicace de ce naos à Osiris dans la ville de *Feka*, ainsi qu'à ses dieux parèdres. La décoration est divisée en trois tableaux. Le premier contient : 1° *Ra-Harmakhu*, à tête de lion, tenant la croix ansée; 2° *Atum* coiffé du *Skhent*, sur son trône; 3° le couple divin de *Schu* et *Tefnut* sous la forme de deux éperviers à tête humaine; 4° *Seb;* 5° *Net*, avec la couronne de la Basse-Égypte.

Deuxième tableau : 1° Osiris; 2° Isis; 3° Nephthys; 4° Horus dans la grande demeure; 5° *Bast* (justicière?) à tête de lionne, surmontée de deux plumes; 6° une déesse avec la coiffure de l'enfance, appelée *Sebtet*.

Toisième tableau : 1° *Ptah;* 2° *Ma* (la justice); 3° *Tahut*, seigneur de *Sesun;* 4° quatre déesses accroupies, portant les noms de *Nub-ait*, *Neb-anu*, *Nebthotep* et *Nebt-nehi*.

---

(1) Ce nom est ici écrit en entier par ses éléments phonétiques.

Face gauche du monument : Sur la frise, légende et dédicace semblable à celle du côté droit. Au-dessous, premier tableau : 1° *Ptah* dans un naos ; devant lui l'emblème *Tat*, sur lequel repose l'épervier solaire; 2° *Sokari* dans la ville de *Beht;* 3° *Kheperer* ou le dieu créateur, en scarabée; 4° Osiris, seigneur du ciel (*Khut*) ; 5° Osiris infernal ; 6° une jeune déesse, coiffée en tresses pendantes et nommée *Schent.*

Second tableau : Quatre éperviers montés sur des supports représentant quatre variantes d'Horus : le premier, coiffé d'un disque, avec les cornes ouvertes, est *Sam-toui,* un des noms royaux d'Horus ; le second a les cornes dirigées en avant comme pour l'attaque, son nom est : *le seigneur de Sabekhet.* Le troisième porte le *skhent,* c'est le seigneur de *Sekhem* ou Létopolis. Le quatrième, coiffé de la couronne blanche, est *Supti,* le dieu de l'Orient. Après ces quatre éperviers vient le dieu *Amon* et son fils *Khons* figuré tout nu, comme un jeune enfant, et enfin un lion qui porte également le nom d'*Amon.*

Troisième tableau : 1° *Horus le justicier* (*Har tema*) tient le dard avec lequel il transperce l'ennemi d'Osiris ; 2° Neith, dame de Saïs, tirant de l'arc ; 3° la déesse *Uatit* de la ville de *Tap* (1); 4° un lion, au corps très-épais, dévore par la tête un prisonnier nu : la légende qui le nomme *Ma hes,* ou le lion furieux, ne suffirait pas pour percer l'allusion, si l'on ne savait qu'Horus avait pris la figure d'un lion pour combattre *Set* dans une de ses victoires les plus importantes dont la Basse-Égypte fut le théâtre. La coiffure de ce lion est celle qu'on remarque ordinairement sur la tête d'*Atum-nefer.*

Les deux déesses *Meri,* personnifiant le territoire arrosé, complètent ce tableau.

Face postérieure : le premier tableau est remplacé par une série des dieux élémentaires, composée de quatre couples où le mâle a la tête de grenouille et la femelle la tête de vipère.

Les quatre couples ont les noms suivants : *Heh, Heht ; Kek, Kekt ; Nu, Nut ; Amen, Ament.* Cette série de noms paraît

(1) Un des noms de *Buto,* à l'extrémité septentrionale du Delta.

comprendre le temps, les ténèbres, le ciel supérieur et le ciel inférieur.

Second tableau : 1° *Har-khenti-khat* est figuré le premier; il a une tête de crocodile surmontée du diadème *atef*. Ce dieu était le protecteur spécial du nome d'Athribis ; on voit qu'ici, comme dans le personnage de *Sebek* au Fayoum, le crocodile, loin de désigner le principe du mal, servait au contraire à caractériser l'Horus vainqueur. 2° Une déesse *Ma*. 3° Horus, fils d'Isis, dans sa forme ordinaire comme seigneur de Coptos. 4° Un épervier à tête humaine ; il a la coiffure d'*Amon* et ses attributs ithyphalliques : il porte le nom d'*Amon cachant sa forme*. 5° *Horus* qualifié *aimant son père*, à tête d'épervier. 6° *Har-sam-toui* ou Horus qui a réuni les deux régions sous son sceptre ; il siége à ce titre sur son trône royal : ses bras sont enveloppés, il est désormais au repos : sa coiffure est le disque avec les cornes ouvertes.

Troisième registre : il est consacré à la sépulture d'Osiris ; le *Tat* d'Osiris est d'abord dressé. La momie du dieu est ensuite étendue sur son lit funèbre; la légende lui donne le nom de *Sokar* enveloppé dans la ville de *Feka*. Isis et Nephthys se tiennent debout derrière le corps sacré. La scène est terminée par trois dieux du ciel supérieur et trois dieux du ciel inférieur.

30. — Naos monolithe en granit rose.

Haut. $2^m,26$. — Larg. 0,96. — Profond. $1^m,15$.

Une seule face a été décorée. Trois disques ailés surmontent la porte et décorent les diverses parties de l'entablement. A droite et à gauche, la légende royale de Ptolémée Évergète II et de Cléopâtre, sa sœur et sa femme.

Sous la porte, la corniche est occupée par deux disques ailés avec les deux uræus. Au-dessous, quatre personnages coiffés du casque soutiennent le signe du ciel. Les cartouches qui devaient contenir leurs noms sont restés vide. A droite et à gauche, la suite des légendes gravées auprès de la porte; elles montren que ce naos a été dédié à Isis. Ce monument appartient au second règne de Ptolémée Évergète II ou Physcon (vers 147 av. J.-C.)

31. — Fragment en granit rose, donné par Méhémet-Ali, pacha d'Égypte.

Haut. $1^{m},62$. — Larg. $3^{m},36$.

Ce curieux morceau faisait partie de la base de l'obélisque de Louqsor.

Il est sculpté avec la puissance et la rudesse qui caractérisent les ouvrages du règne de Ramsès-le-Grand. Quatre cynocéphales sont dans l'attitude de l'adoration. Ils représentent ordinairement les esprits de l'Orient en adoration devant le soleil levant. Les cartouches de *Ramsès II* sont sculptés entre chacun des cynocéphales.

32. — Fragment d'un chapiteau en pierre calcaire.

Haut. 0,53. — Larg. 0,45.

La tête de la déesse Hathor, vue de face, coiffée avec un pylône et portant les oreilles de la vache, symbole favori de la déesse. Dans divers temples dédiés à cette déesse, les colonnes ont des chapiteaux composés de quatre faces semblables à celle-ci.

33. — Tronçon d'une colonne en grès.

Haut. 0,45. — Larg. 0,50.

La décoration se compose des vautours étendant leurs ailes qui représentent les déesses du Nord et du Midi. Elles tendent l'anneau, symbole des longues périodes, aux cartouches de Ptolémée Philométor.

34. — Vase en albâtre oriental.

Haut. 0,75.

Ce vase, dont un membre de la famille Clodia fit son urne cinéraire, avait appartenu à un prêtre d'Ammon et de *Mentu-Ra*, nommé *Nebneteru*. Il est décoré de la légende royale d'*Osorchon Ier*, de la XXIIe dynastie, qui commença à régner vers l'an 949. Ce vase a donc été fait vers le milieu du Xe siècle avant l'ère chrétienne.

35. — Montant d'une porte en granit rose.

Haut. 2m,70.

Ce beau fragment est décoré de la légende royale de *Tahutmes II*, IVe roi de la XVIIIe dynastie. En voici le sens : *L'Harphré, seigneur de vaillance, le dieu bienfaisant, le seigneur des deux mondes, le roi de la Haute et de la Basse-Égypte, grand soleil du monde entier* (?), *le fils chéri de la déesse Sati.*

36. — Autel en grès.

Haut. 0,70.

Cet autel, décoré sur ses quatre faces, avait, comme les pyramides, un double caractère de consécration au soleil et à Osiris, roi infernal. Il est dédié par deux personnages : l'un est représenté sur la deuxième face, c'est le basilicogrammate *Ani, supérieur des écritures*. Le second, sculpté sur la troisième face, est le *prêtre supérieur du dieu seigneur de la vérité* (c'est-à-dire Ptah), *Ptahmaï*.

La première face est occupée par le dieu *Ra*.

Quatrième face : Osiris. Style de la XIXe dynastie.

37. — Fragment d'un monolithe en granit gris.

Hauteur totale, 0,64.

Ce monument, malheureusement incomplet, était une espèce de calendrier où étaient représentées les trente-six décades de l'année.

Chacune de ces périodes de dix jours est figurée par un épervier à tête humaine, dans une barque ; sur la tête est une étoile dans un cercle. L'année vague des Égyptiens ayant toujours également 365 jours, les décades commençaient alternativement le 1er, le 11e, le 21e jour de chaque mois pendant un an, et le 6e, le 16e et le 26e l'année suivante. Les décades de ce calendrier courent du 1er au 11, etc. Sous chaque barque de décade était un griffon tirant de l'arc, et, plus bas, un bélier à tête de lion. Chaque décade est accompagnée d'un texte spécial où se trouve sa date dans le mois et l'année. Les deux faces les plus larges contenaient cinq décades par rangée ; les deux autres faces n'en avaient que quatre, la décoration du monument comportait donc deux registres qui complétaient les trente-six décades.

38. — Moulage du zodiaque circulaire de Dendérah (plâtre).

Haut. 2m,55. — Larg. 2m,53.

Ce monument est devenu célèbre par les discussions savantes auxquelles il a donné lieu. On sait maintenant avec certitude qu'il ne peut pas être plus ancien que les Ptolémées; on pense même que la partie du temple où il était sculpté ne remonte qu'aux premiers Cæsars. La bande longitudinale qui se reliait, sur place, au zodiaque lui-même, contient le titre *autocrator*, comme Champollion l'a le premier constaté.

Le zodiaque circulaire a donc perdu le prestige d'une antiquité fabuleuse, mais il reste très-intéressant par sa matière astronomique. On y distingue d'abord, à l'extérieur du cercle, quatre figures de femmes debout ; elles représentent les déesses du Nord, du Midi, de l'Est et de l'Ouest. Elles soutiennent le ciel et sont aidées dans cet office par huit *Horus* à tête d'épervier. Sur le cercle, qui repose immédiatement sur les mains de ces douze dieux, marche la série des trente-six décans. Ces génies présidaient, dans le calendrier égyptien, aux trente-six décades de l'année ; lorsque le zodiaque grec fut introduit en Égypte, trois génies furent attribués à chaque signe, et c'est ainsi que fut composée la liste des décans zodiacaux en usage parmi les astrologues.

On remarque, dans le même cercle que les décans, quelques autres constellations observées par l'astronomie égyptienne telles que le cercle qui renferme huit coupables liés et agenouillés, et le grand serpent coiffé du diadème *Atef*.

Au-dessus de ces personnages, le cercle du zodiaque commence par le signe du Lion ; le dernier signe, le Cancer, rentre dans le cercle au-dessus du Lion, en sorte que le tout dessine une spirale.

Suivant l'opinion récente de M. Lepsius, les planètes sont figurées par cinq personnages qui marchent paisiblement, le sceptre 𓌀 à la main, en dedans du cercle zodiacal; ces cinq figures sont les seules dont les noms soient écrits auprès d'elles (outre la série des décans) (1). Les autres figures, éparses dans le planisphère, sont des étoiles et des constellations du ciel égyptien. La plus célèbre est *Sothis* (ou *Sirius*), représentée par la vache d'Isis couchée dans une barque, l'étoile en tête et le signe de la vie ☥ pendu au cou. *Sothis* était en effet *Isis* dans le ciel. L'âme d'Osiris était censée résider dans un personnage qui marche à grands pas devant *Sothis*, le sceptre 𓌀 en main et le fouet sur l'épaule; il porte la couronne du midi. Les inscriptions égyptiennes lui donnent le nom de *Sahu*. Les étoiles qui formaient sa constellation comprenaient plusieurs décans et répondent, en grande partie, à celles d'Orion.

On reconnaît encore, parmi les constellations que l'on retrouve sur d'autres monuments, la déesse à tête d'hippopotame qui porte les noms de *nourrice* et *de grande mère*, avec sa longue mamelle et son glaive à la main; *Nakht* ou le *vainqueur*, debout et tenant sa masse d'armes; la jambe de bœuf ou *Khopesch*, que les rituels funéraires mentionnent parmi les constellations du nord et qui paraît répondre à la grande Ourse. Enfin le centre du monument, qui, d'après M. Biot, représenterait le pôle nord, est occupé par le chacal qui porte ordinairement le nom de *guide des chemins célestes*.

Deux chacals semblables servent à désigner le nord et le midi dans certains monuments qu'on voulait orienter. Ce planisphère est donc un tableau du ciel stellaire tel que se le représentaient les Égyptiens des premiers siècles de notre ère, quel qu'ait été d'ailleurs le but particulier que l'on s'était proposé dans la disposition de ses parties.

---

(1) Cette opinion est aujourd'hui une découverte acquise à la science et M. Brugsch a retrouvé les noms démotiques de ces mêmes planètes dans des tablettes contenant une série d'observations.

SUPPLÉMENT AUX MONUMENTS DIVERS.

---

§ 1er. — SARCOPHAGES.

39 *a*. — Sarcophage en basalte noir d'Égypte, taillé en forme de momie.

Fond du sarcophage.

Haut. 1m,83. — Larg. 0,60.

Décoration intérieure : Une femme nue, vue de face, est gravée en très-bas relief. Elle porte la coiffure de la déesse Hathor, c'est-à-dire deux longues tresses qui se recourbent sur ses épaules. Sur sa tête, l'emblème de la région funéraire, c'est-à-dire l'épervier et la plume d'autruche sur un support. Cette figure représente la déesse de l'*Amenti* ou du ciel inférieur, qui va recevoir l'âme du défunt dans ses bras. Autour de cette représentation est gravée en beaux hiéroglyphes une allocution de la déesse du ciel, *Nu* à la dame *Tent-ḥapi,* fille de *Tentebast* (1).

Décoration extérieure : Le comble, figure du ciel, parsemé de dix-sept étoiles est au-dessus d'une scène gravée en creux. La momie de la défunte *Tent-hapi* est dressée devant Anubis, qui étend sur elle ses bras, en signe de protection. Une inscription

---

(1) Cette allocution est curieuse par les allitérations dont elle est remplie ; la déesse y promet sa protection à la défunte, sous tous les noms divers qu'on lui donnait.

hiéroglyphique, en cinq colonnes, complète cette décoration. La défunte *Tent-hapi* y implore la protection d'Anubis.

39 *b*. — Dessus du même sarcophage.

Long. 1^{m},83. — Larg. 0,60.

La figure, très-finement sculptée, représente une femme. Au sommet de sa tête, un scarabée, les ailes étendues, est gravé en creux : c'est le symbole de la naissance nouvelle qui doit assurer l'immortalité. Sur le front est gravée l'invocation à Thoth, le justificateur, et une prière au dieu *Tum*, pour qu'il accorde à *Tent-hapi* la couronne de la justification. Derrière la tête, une vache coiffée du disque et des deux plumes, et entourée de ses légendes, tirées du Rituel funéraire.

Sur la poitrine, on voit le disque du soleil projetant ses rayons sur un épervier qui a les ailes étendues; cette scène est un emblème de la lumière divine qui se répand sur l'âme ; elle est entourée de légendes hiéroglyphiques relatives à la naissance, renouvelée chaque jour, de l'astre emblème de la vie perpétuelle.

On voit de nouveau le scarabée sur l'estomac; à droite, Isis tend la voile, symbole du souffle vital ; à gauche, Nephthys tend le *tat* et la croix ansée, signe de vie. La région du ventre et des cuisses est ornée des figures des quatre génies, fils d'Osiris : *Amset* apporte le *ka*, type de la personne; *Taumatef* apporte l'âme; *Hapi* apporte le cœur, et *Kebsennu* le *sahu* ou la forme. Le milieu est occupé par une nouvelle légende, contenant seize lignes : c'est une invocation tirée du Rituel funéraire.

Le bas des cuisses est décoré de deux scènes parallèles : à gauche, la défunte debout rend hommage à Osiris et à un autre personnage divin ; à droite, la même est à genoux sur un pylone et s'adresse à trois divinités.

La décoration des jambes consiste en un texte hiéroglyphique d'une belle gravure, en douze colonnes, emprunté au Rituel funéraire.

Le dessus des pieds est gardé par les deux chacals, guides des chemins célestes. Le texte contient une allocution d'Anubis, promettant le bienfait d'une sépulture.

La décoration des flancs est divisée en deux bandes : dans

la bande supérieure, la défunte est figurée en adoration devant une série de divinités; son âme la suit, sous la figure de l'épervier à tête humaine. Les divinités invoquées successivement sont, sur le flanc droit : *Ra*, *Kheper*, *Amset*, *Hapi*, une des variétés du dieu Thoth, nommé *Kher-bakf*, *Taumautef*, un Horus nommé *Har-khent-anti*, *Ap-matenu* du midi, *Arifi'esf*, Anubis (*teptuf*), *Schu*, *Tafnu*, *Net*, *Serk*. Le dernier de la série est dans un carré spécial et porte le nom de *Merimautf* : il a la forme humaine.

Sur le flanc gauche, les dieux invoqués sont : *Atum*, *Osiris*; *Hapi*, *Anup*, *Kebsennuf*, *Horant'atef*, *Tahuti*, *Ap-matenu* du Nord, un dieu à tête humaine appelé *Hak-maatefef*, (*Ka?*), *Seb*, *Nut* et *Isis*.

Au-dessus de ces séries divines est tracée une longue ligne d'hiéroglyphes.

A droite, cette légende contient une réponse de *Ra*, au nom des dieux, pour attester qu'il accorde les biens funéraires et l'immortalité à la dame *Tenthapi*.

A gauche, *Harmakhu*, autre personnification du soleil, promet à la défunte justifiée l'union avec le soleil dans sa course céleste.

La seconde bande est occupée de chaque côté par le serpent ailé à longs replis, symbole des espaces célestes où l'âme va accomplir sa pérégrination.

Dans l'intérieur, sur un champ tout parsemé d'étoiles, on voit une femme nue et de face. C'est la déesse du ciel qui s'étend au-dessus du défunt : deux allocutions qu'elle lui adresse sont gravées au pourtour et complètent la décoration.

40. — Sarcophage en basalte, taillé en forme de momie.

Long. 2 mètres.

a. Fond du sarcophage.

Décoration intérieure : une femme nue, vue de face, gravée en très-faible relief, coiffée de deux tresses recourbées et la tête surmontée de l'emblème de l'Occident. Tout autour, une longue légende hiéroglyphique contenant une allocution de la déesse céleste au défunt. Le personnage pour qui fut sculpté ce monument était un Grec, ainsi que l'indique le nom de *Tisicratès* (écrit en hiéroglyphes *Teskartes*) : mais sa nationalité n'a pas empêché de lui sculpter un sarcophage dont toute la décoration est de pure composition égyptienne et dans laquelle aucun détail n'indique un mélange des croyances religieuses.

Décoration extérieure : au sommet, le ciel parsemé de vingt-deux étoiles ; au-dessous, Anubis tenant la momie entre ses bras. Cinq colonnes d'hiéroglyphes complètent le tableau par une invocation que le défunt adresse à Anubis.

40 *b*. — Dessus du même sarcophage.

Long. 2 mètres.

La tête représente un homme avec une longue barbe tressée, suivant l'usage constant des figures funéraires égyptiennes.

Sur le front, on voit le scarabée, les ailes étendues. L'invocation au dieu Thoth, tirée du Rituel funéraire, est gravée sur la bandelette. Derrière la tête, la vache coiffée des deux plumes, telle qu'on la figurait sur les hypocéphales. Ses légendes couvrent toutes les parties voisines.

A droite et à gauche de la figure, on a gravé les deux béliers à quatre têtes : l'un se nomme *Bi-en-ra*, l'âme du soleil ; l'autre *Bi-neb-tat*, l'esprit seigneur de *Tatu*.

Au milieu de l'estomac, une plaque est figurée, suspendue par une chaîne : dans un naos en forme de pylone, on y a gravé l'image de trois divinités solaires : *Atmu*, *Schu* et *Tafnut*.

Un peu au-dessous, l'épervier à tête humaine, symbole de l'âme, étend les ailes en signe de délivrance. A gauche, Isis lui tend la voile, symbole du souffle vital ; à droite, Nephthys lui donne la croix ansée, signe de la vie. Ces deux figures sont accompagnées des légendes qui constatent les faveurs qu'elles accordent.

Sur le ventre, un nouveau scarabée et le texte emprunté au Rituel funéraire. Les quatre génies protecteurs donnent au défunt : *Hapi*, le cœur ; *Kebsennuf*, le *sahu* ; *Amset*, le *ka* et *Taumautf* l'âme. Vers le bas des cuisses, *Tisicrates* est figuré debout devant Osiris, et plus loin à genoux devant trois figures divines ; sept lignes d'inscriptions expliquent que ces dieux lui donnent la vie éternelle.

Sur le bas des jambes, la grande invocation tirée du Rituel funéraire occupe quinze colonnes d'hiéroglyphes. Sur les pieds à droite et à gauche, figurent les deux chacals, guides des chemins célestes. Le défunt, debout, les invoque : ce sont deux formes d'Anubis qui répond en l'assurant de sa protection. Derrière lui, le serpent sur deux jambes, emblème de sa course dans les régions célestes.

Décoration des flancs : Elle est divisée en deux zones séparées par des lignes d'étoiles; à gauche, la zone supérieure est surmontée d'une légende qui contient une allocution de *Ra-harmakhu* au défunt. Le personnage est figuré suivi de son âme sous la forme de l'épervier à tête humaine : il tient ses bras levés devant une série de divinités, au nombre de quatorze : *Atum, Osiri, Hapi, Anpu, Kebsennuf, Harant'atef, Tahuti*, un autre Anubis, *Hakmaa-tefef, Anpu, de Toser*, un dieu à tête d'épervier (?), *Seb, Nut* et Isis.

A droite, décoration toute semblable, sauf la série des divinités, qui est ainsi composée : *Harmakhu, Kheper, Sutem* (?) (à tête humaine), *Anpu, Kent-hebi, Kheri* (à tête d'ibis), *Harkhent-ant, Apu-matenu du Midi, Ari-ran-tesf, Anpu-tep-tuf, Schu, Tefnut, Net* et *Selk*.

Le socle, sous les pieds, a une décoration toute spéciale : au sommet, une portion en arc de cercle est décorée d'une légende empruntée au Rituel funéraire; c'est le chapitre intitulé : *De l'action d'ouvrir les jambes*. Au-dessous, le défunt debout évoque son âme dont on voit le symbole renfermé dans un naos rectangulaire, placé sur l'escalier à sept degrés. Un texte emprunté au Rituel funéraire se rapporte à l'ouverture du lieu où l'on croyait l'âme enfermée jusqu'au moment de sa nouvelle union avec le corps. Cette même scène est répétée de l'autre côté.

Sur le côté gauche du socle, on voit deux nouveaux tableaux : dans le premier, la déesse du ciel, *Nut*, placée dans un arbre, verse l'eau céleste au défunt; dans le second, Nephthys debout lui adresse une allocution composée de quatre lignes.

Sur le côté droit la scène de l'eau céleste est répétée. Un des génies funéraires occupe le dessous, et une inscription de quatre lignes achève de remplir cette portion. On voit que l'ensemble des scènes et de leurs légendes couvre tout le monument avec une profusion qu'on ne trouve qu'à ces dernières époques de l'art égyptien.

Décoration intérieure : Le champ parsemé d'étoiles indique que cette portion qui s'étendait au-dessus de la momie représentait le ciel. C'est en effet la déesse du ciel qui est figurée de face et les bras allongés au-dessus de sa tête. Les anneaux semés entre ses bras sont le symbole des périodes indéfinies du temps.

Une grande légende hiéroglyphique courant le long du bord contient une dernière invocation au nom du défunt *Tisicrates*. On voit que malgré l'époque très-récente de ce monument et sa destination, aucun élément étranger à l'art ou à la croyance égyptienne n'avait trouvé place parmi les nombreuses figures qui le couvrent de tous côtés.

41. — Petit sarcophage en pierre calcaire.

Longueur, 0,42.

Il était probablement destiné à quelque animal sacré.

Une inscription démotique fruste règne sur le pourtour du monument.

Donné par Champollion.

---

§ 2. — PYRAMIDES.

42. — Pyramide en pierre calcaire.

Haut. 0,40. — Larg. des faces 0,32.

Sur la première et sur la troisième face, la décoration se compose du disque solaire dans la barque. Le symbole *Tat* est au-dessous au milieu de la scène, et deux cynocéphales, représentant les esprits de l'Orient et de l'Occident, sont en adoration devant le dieu solaire.

Sur la première face, les légendes parallèles expliquent ainsi le sujet : 1° *Adoration à Ra, quand il apparaît ; 2° adoration à Ra, quand il se couche.*

Sur la troisième face, on lit : 1° *Adoration quand il apparaît dans la demeure de la vie ; 2° adoration quand il luit au sommet du ciel.*

Les deux autres faces sont occupées par deux scènes, où le dédicateur nommé *Ben-neb-en-skhauf* et sa femme *Isitanefer* sont agenouillés devant le monceau de leurs offrandes. Les inscriptions contiennent leurs prières, adressées à la divinité solaire sous ses diverses formes. La femme était prêtresse chanteuse (*Kemat*) d'Amon. Le mari était prêtre de l'ordre appelé *père-divin* au service des dieux de Thèbes. Il porte en outre un titre sacerdotal tout particulier, qui, sur la seconde face, peut se traduire par : *chargé de la nourriture de Khons l'enfant*. Sur la quatrième face, on lit : *prêtre, nourricier ou berceur (Khenem) de Khons l'enfant.*

Les légendes peuvent encore donner lieu à une remarque intéressante à un double point de vue : *Ben-neb-en-skhauf* est qualifié, sur la quatrième face, *chef de l'audition des invocations de sa régente ;* malheureusement la reine ainsi indiquée n'est pas nommée.

Sur la seconde face, on lit, comme variante du même titre : *chef de l'audition des invocations de la grande lectrice (? taschut) des dieux du cycle d'Amon*. Les fonctions sacrées que comportait ce titre appartenaient donc à la régente elle-même. Le style du monument indique d'ailleurs l'époque des Bubastites, où les princesses se targuent fréquemment de leurs droits héréditaires sur le sacerdoce d'Ammon.

43. — Pyramide en pierre calcaire.

Haut. 0,43. — Long. de la base, 0,35.

Sur la première face, une homme (sans barbe) et une femme sont agenouillés dans un naos : ils sont figurés de face et levant les mains pour adorer le dieu solaire.

Au sommet, l'anneau, le signe de l'eau et le vase, entre les deux yeux d'Horus. Cette face était probablement censée orientée au midi, car l'hommage est adressé au dieu soleil sous le nom de *Ra-Harmakhu, dieu grand seigneur de Toser.* La légende gravée à droite est au nom du dédicateur, elle continue ainsi la prière : pour *qu'il accorde de respirer les souffles agréables du vent du nord et qu'il les donne chaque jour à la personne du favorisé de son dieu, le gardien, Khons-hotep, le véridique.* A gauche, la prière se termine au nom de la femme : *pour qu'il accorde de voir ses splendeurs, à chaque fois que tu te lèves, chaque jour, sans manquer, à la personne de sa sœur, qui t'aime, qui réside dans son cœur, la chanteuse d'Amon, Taïpi.*

Sur la seconde face, une prière est adressée à Osiris *pour qu'il écarte tous les maux et qu'il accorde toutes les faveurs au père, l'Osiris, Nekhunefer le véridique.*

Sur la troisième face, on voit une scène toute semblable à celle de la première, mais l'hommage y est adressé à *Tum*, dieu d'Hélicpolis. A droite, la prière est encore en faveur du père de *Khons-hotep*, qui est qualifié : *le favorisé de son dieu, le père, le sotem, Nekhunefer, le véridique.* A gauche, la prière rappelait la mère du dédicateur, nommée *Maut.....*

La quatrième face ne présente qu'une prière, adressée à *Ptah-sakari* en faveur de *Khons-hotep*, qualifié *Osiris* (mort); ce qui démontre que cette pyramide est un monument funéraire.

44. — Pyramide en pierre calcaire.

Haut. 0,25. — Larg. de la base, 0,25.

Sur la première face, un personnage est agenouillé dans un naos, les mains levées en signe d'adoration. Les inscriptions qui encadrent cette scène contiennent deux proscynèmes adressés à *Ra* et à Osiris au nom du *porte-plume, Pakarkar.* La dignité qui autorisait à porter l'insigne de la plume d'autruche était fort élevée, on la voit attribuée aux fils des Pharaons quand ils commandaient les armées. Au-dessous du naos, on voit le disque solaire sortant de la montagne de l'horizon.

Sur la face opposée (la troisième), la décoration est toute semblable. *Pakarkar* se qualifie, dans les légendes, *le favorisé de son dieu, Ptah, seigneur de vérité.* On y mentionne également sa sœur, la dame *Net'em mennefer*. Ce nom, qui signifie *délices de Memphis*, ainsi que l'hommage au dieu *Ptah*, montrent l'origine memphitique du monument. Les deuxième et quatrième faces ne portent qu'une simple colonne d'hiéroglyphes, dans laquelle on remarque que le nom propre est écrit *Pakarer*. Le style de ce monument se rapproche de l'époque des Saïtes.

45. — Pyramide en pierre calcaire.

Haut. 0,37. — Larg. de la base, 0,29.

Première face, dans le bas, quatre hommes à tête de bélier remorquent la barque du soleil, qui suit sur la seconde face. La légende qui occupe le sommet se continue de même sur la seconde face : c'est une invocation à Osiris, dieu d'Abydos, par *Se-hotep-amen*.

La troisième et la quatrième face se complètent aussi mutuellement : dans le bas, quatre chacals remorquent la barque sur laquelle est placé un naos. Un vieillard appuyé sur son bâton y représente le soleil couchant.

---

§ 3. — TABLES D'OFFRANDES ET MONUMENTS DIVERS.

46. — Table à libations, de forme rectangulaire, en pierre calcaire.

Long. 0,48. — Larg. 0,30.

Dans le milieu se trouve, en relief, l'emblème de l'offrande et deux pains, ainsi que trois creux régulièrement disposés. La légende gravée sur le pourtour montre que cette pierre a été dédiée par *Imhotep*, qualifié *chef du secret dans la demeure de vie et chef des soldats*. Style de l'ancien empire.

47. — Table à libations, de forme rectangulaire, en pierre calcaire.

Longueur, 0,31.

Entre deux trous carrés, on voit sur cette pierre un relief de la forme du caractère [hieroglyph]. La légende, très-endommagée, rappelle la protection d'Hathor accordée au dédicateur nommé (*Khu?*). Style de l'ancien empire.

48. — Table à libations en pierre calcaire.

Long. 0,28. — Larg. 0,35.

Les inscriptions qui décorent cette pierre montrent qu'elle appartient à l'époque de la XIIe dynastie. Le dédicateur se nommait *Ra-en-ma*; c'est le nom contenu dans le premier cartouche d'*Amenemha III.* Ce personnage était parent du roi (*Suten rekh*) et prophète d'Hathor; il dédie ce monument à Anubis.

49. — Plateau circulaire en pierre calcaire.

Diamètre, 0,45.

Ce disque est décoré d'une inscription hiéroglyphique qui occupe le pourtour. Le texte n'est qu'une prière adressée à *Ptah-sokar-osiri* et à Anubis, pour qu'ils accordent les biens funéraires au défunt *Pakarkar*. Quoique ce personnage ne porte ici que le titre de *t'a*, gouverneur, nous pensons que c'est le même auquel a été consacrée la pyramide décrite ci-dessus. (Voy. D, 43.)

50. — Bassin circulaire en diorite.

Diamètre, 0,62.

Ce beau monument appartient à la fin de la XXVIe dynastie. Le personnage qui l'a dédié se nommait *Ahmes-se-net-uah-ab-ra*, réunissant ainsi les noms des rois Amasis et Apriès (1).

---

(1) Il serait possible que le signe de la filiation eût été omis et qu'il fallût lire *Ahmes-se-net*, fils de *Uah-ab-ra*.

Sa mère se nommait *Tapera*. Ses titres indiquent un rang très-élevé : il était qualifié *un samer, commandant du palais, chargé du trône, commandant des temples, chef du secret pour proférer les paroles du roi....., chef des conseils du roi et commandant des portes*. C'était probablement quelque parent de la famille d'Apriès.

51. — Cuve circulaire en granit noir.

Diamètre, 0,705.

Ce monument a été taillé sous le règne de Ptolémée Philadelphe, dont les deux cartouches sont finement gravés sur le devant : une colonne de caractères hiéroglyphiques qui sépare les deux cartouches contient la dédicace à la déesse *Sati, dame de Sennu, œil du soleil, régente des dieux*.

52. — Cuve circulaire en basalte égyptien.

Diamètre, 0,67.

Cette cuve, taillée dans le plus beau style ptolémaïque, est ornée de chaque côté d'une tête de la déesse Hathor, sculptée sur un plan carré qui fait saillie.

53. — Table à libations en granit noir.

Larg. 0,38. — Long. 0,38.

Sur ce monument, de forme carrée, on a gravé, dans le pur style égyptien, des vases à libation et un autel chargé d'offrandes.

Au pourtour, on lit une inscription grecque qui contient la dédicace du monument à *un dieu très-grand*, nommé par l'inscription *Petensenes*, par un certain *Ptolémée grammate des troupes stationnant à Eléphantine*. Ce nom de *Petensen* signifie en égyptien *celui de Sen*; il peut se rapporter à un dieu de Syène ou d'Esneh, ou même de l'île voisine de Philæ, nommée *Senem* par les anciens Égyptiens (aujourd'hui Begeh). Dans cette dernière hypothèse, il s'agirait de Chnouphis.

54. — Table à libations, en pierre calcaire.

Largeur, 0,21.

Ce monument est sans légende; il est orné de deux vases, quatre pains ronds et une fleur de lotus, sculptés en bas-relief.

55. — Table à libations, en granit noir.

Long. 0,49. — Larg., 0,43.

Le symbole de l'offrande est accompagné de chaque côté de deux pains ronds et d'un petit vase, le tout sculpté en bas-relief.

56. — Table à libations, en granit noir.

Long. 0,36. — Larg. 0,30.

La décoration se compose de fleurs, vases et autres objets d'offrande, gravés sans relief.

57. — Table à libations, en pierre calcaire.

Long. 0,35. — Larg. 0,29.

La décoration se compose du signe des offrandes, accompagné de divers objets sculptés en très bas-relief.

58. — Table à libations, en pierre calcaire.

Long. 0,42. — Larg. 0,22.

On lit sur un des côtés un proscynème en écriture démotique du premier type, qui s'adresse à Osiris et à Osor-hapi. Le monument provient du Sérapéum de Memphis.

DEUXIÈME SUPPLÉMENT AUX MONUMENTS DIVERS.

59. — Fragment de la muraille d'un tombeau, en pierre calcaire.

Larg. 1^m,00. — Haut. 0,83.

Ce beau morceau de l'art memphite provient du tombeau du *parent royal*, *Nefer*, qui était à Sakkarah. Ce personnage est figuré en bas-relief, assis sur son fauteuil et recevant les hommages des gens de sa maison. Ce qui reste de l'inscription lui donne les titres de *chef de la maison de lumière*, *chef de l'équipement des jeunes soldats* et *chef de la double demeure des provisions*. Ce personnage paraît avoir joué un rôle important sous la ve dynastie. Parmi les serviteurs qui viennent joindre leurs offrandes à celles qui sont accumulées déjà devant leur maître, on distingue les noms de *Per-sen* et *Mesa*.

60. — Fragment du revêtement d'un tombeau, en gypse peint.

Cette représentation est dans le style de la XVIIIe dynastie. Dans la scène la mieux conservée, trois jeunes femmes viennent rendre un hommage funéraire à un parent. La première offre les mets prescrits, la seconde joue de la double flûte et la troisième pince de la harpe. L'inscription, très-effacée, contenait la dédicace de cet hommage religieux en un jour de fête funéraire. A gauche, au-dessous du monceau des offrandes, on aperçoit le sommet d'une harpe qui faisait partie d'une autre scène semblable.

61. — Pied d'un autel en diorite.

Haut. 0,58. — Diam. de la base, 0.39.

Ce monument est orné d'une série de cartouches royaux appartenant à la XIXe et à la XXe dynastie, et qui paraissent y avoir été gravés successivement. Le plus ancien est celui de Ramsès II, *Ra-user-ma setep-en-ra*. On y lit ensuite celui de Ramsès III, *Hak-anu*. Les deux cartouches de *Nefer-ka-ra setep-en-ra* et *Ramsesu-meri-amen kha-em-uas* s'y retrouvent deux fois : ils appartiennent à Ramsès IX.

On y lit encore celui de *Ramses-atef-nuter-amen hak-anu* ou Ramsès VII. Tous ces Pharaons se qualifient *aimé de Ptah*, ce qui montre que cet autel provient de Memphis.

62. — Petit bloc de pierre calcaire.

Haut. 0,25. — Larg. 0,14.

Ce bloc porte sur les quatre faces les cartouches de Ramsès II. Le prénom royal *Ra-user-ma* est celui que portait ce souverain pendant qu'il fut associé à la couronne de son père Séti Ier.

63. — Fragment d'un petit obélisque en granit rose.

Hauteur. 0,65.

Ce fragment a été décoré, au moins en partie, sous le règne de Ramsès III *hak-anu;* car il porte son cartouche accompagné du titre *Ta ankh, doué de la vie.* Mais le monument avait été dédié au dieu *Month* et à la déesse *Tanen-tu*, dans la ville de *T'er* (1), à une époque bien antérieure, car on y reconnaît encore les débris des deux cartouches de *Tahutmes II.* La gravure de cette première époque se distingue facilement, par sa finesse, de la dernière décoration exécutée sous Ramsès III.

64. — Fragment en pierre calcaire.

Haut. 0,30. — Larg. 0,40.

Un bas-relief représentant un *sotem*, dont le nom a disparu, en adoration devant un autel, décore ce fragment. Ses enfants et ses petits-enfants se tiennent derrière lui et se joignent à son acte religieux. Deux de ses filles ont des noms d'origine syrienne. Le premier est écrit *Iseret;* le second, *Astaret-en heb*, est curieux en ce qu'on y voit le nom d'Astarté employé en composition régulière comme le nom d'une déesse égyptienne. On sait d'ailleurs que cette déesse fut une des rares importations étrangères qu'admit le Panthéon égyptien.

---

(1) Une ville de ce nom était située dans le voisinage d'Hermonthis. (V. Brugsch, *G.* III, 6.)

INDEX.

Paris. — Ch. de Mourgues frères, rue J.-J. Rousseau, 58.

www.ingramcontent.com/pod-product-compliance
Ingram Content Group UK Ltd.
Pitfield, Milton Keynes, MK11 3LW, UK
UKHW022050190726
13855UKWH00002B/463